榆林学院学术著作出版基金资助
陕西省教育科学“十四五”规划2021年度课题成果（批准号：SGH21Y0212）

地方本科院校教育国际化发展研究

杜鹏举　李　丹　著

中南大學出版社
www.csupress.com.cn
·长沙·

图书在版编目(CIP)数据

地方本科院校教育国际化发展研究 / 杜鹏举，李丹著. —长沙：中南大学出版社，2023.2

ISBN 978-7-5487-5101-4

Ⅰ. ①地… Ⅱ. ①杜… ②李… Ⅲ. ①地方高校—国际化—研究—中国 Ⅳ. ①G648.4

中国版本图书馆 CIP 数据核字(2022)第 171997 号

地方本科院校教育国际化发展研究

DIFANG BENKE YUANXIAO JIAOYU GUOJIHUA FAZHAN YANJIU

杜鹏举　李丹　著

□出 版 人　吴湘华
□责任编辑　陈应征
□封面设计　优盛文化
□责任印制　唐　曦
□出版发行　中南大学出版社
社址：长沙市麓山南路　邮编：410083
发行科电话：0731-88876770　传真：0731-88710482
□印　　装　石家庄汇展印刷有限公司

□开　　本　710 mm×1000 mm　1/16　□印张 13.25　□字数 244 千字
□版　　次　2023 年 2 月第 1 版　□印次 2023 年 2 月第 1 次印刷
□书　　号　ISBN 978-7-5487-5101-4
□定　　价　78.00 元

前言

在经济全球化的影响下，中国的高等教育国际化已经成为高等教育领域改革的重点工作。地方本科院校作为我国高等教育体系的重要组成部分，在高等教育国际化的潮流中应当顺应时代的发展，向着教育国际化方向不断革新与发展。地方本科院校教育国际化应基于地方与学校实际，从国际化人才的培养、人力资源的开发、师资队伍的国际化、中外合作办学等方面来实现地方本科院校教育国际化，在提升地方本科院校国际竞争力的同时，促进地方本科院校的长久稳定发展。

本书分为九章，对全球化背景下的地方本科院校教育国际化进行了系统的分析与研究，具体如下。

第一章主要以我国高等教育国际化的历史背景为切入点，对我国高等教育国际化的萌芽阶段、起步阶段、探索阶段、初步发展和特色发展五方面进行了详细论述和深入分析。

第二章侧重对地方本科院校国际化认识的论述，包括地方本科院校教育国际化的内涵与本质、地方本科院校教育国际化的要素与特征、地方本科院校教育国际化的发展趋势，有助于进一步深化对地方本科院校教育国际化的认识与理解。

第三章主题为地方本科院校国际化人才培养的理论框架，主要包括地方本科院校国际化人才培养的基本内涵、地方本科院校国际化人才培养的必要性、地方本科院校国际化人才培养的目标体系及地方本科院校国际化人才培养的趋势分析。

第四章主题为地方本科院校国际化人才培养现状与分析，包括地方本科院校国际化人才培养现状、地方本科院校国际化人才培养路径、陕西省地方本科院校国际化人才培养分析。

第五章主题为地方本科院校国际化人才培养模式，主要包括现有国际化人才培养模式综述、地方本科院校国际化人才培养模式分析及地方本科院校国际化人才培养质量保障三部分内容。

第六章主题为地方本科院校人力资源开发研究，主要包括地方本科院校人力资源开发概述、地方本科院校人力资源开发现状、地方本科院校人力资源开发思路。

第七章主题为地方本科院校师资国际化研究，包括地方本科院校师资国际化理论基础、陕西省地方本科院校师资国际化分析与提升地方本科院校师资国际化水平的对策。

第八章主题为高等教育国际化背景下的中外合作办学研究，包括中外合作办学现有模式、中外合作办学政策对教育国际化的影响以及中外合作办学的问题、改进对策与发展趋势。

第九章主题为国际化趋势下地方本科院校外事工作管理，主要包括地方本科院校外事工作及其在国际化趋势下的发展、国际化趋势下地方本科院校外事工作管理的创新以及优化和完善地方本科院校外事管理工作的具体建议三部分内容。

本书的研究内容对地方本科院校在教育资源整合、办学体制机制、人才培养模式等方面探索具有自身特色的国际化发展之路具有一定的指导意义，同时对地方本科院校如何更好地立足所在区域、服务当地社会经济发展有一定的参考价值。第一章至第六章为杜鹏举撰写，共计约 15.4 万字，第七章至第九章为李丹撰写，共计约 9 万字。在编写本书的过程中，笔者得到很多专家、教授的帮助，在此表示感谢。由于时间仓促，笔者水平有限，书中难免存在不足之处，敬请读者批评指正。

目　录

发展纵横篇

百年树人篇

师资队伍篇

珠联璧合篇

发展纵横篇

第一章　我国高等教育国际化的源与流

第一节　萌芽阶段

从我国古代对外文化和教育交流的历史来看，科举考试制度和文化典籍等对外的影响是深远的。中国古代传统高等教育不仅对东亚、东南亚地区的教育产生了影响，还对世界文明的进程产生了重要影响。传播和衍化是我国古代高等教育影响东亚地区教育的主要形式。通过传播和衍化，以汉字教育、庙学制、养士教育、儒学教育为主要特征的“东亚教育圈”得以形成。这一时期高等教育国际化的发展可以归纳为以下几点。

一、对日本高等教育的影响

中国古代高等教育对日本的高等教育产生了深远影响。日本早在隋朝时期便向我国派驻使节、留学生与留学僧，让他们学习中国的语言文字、典章制度、科学文化、佛教学说等方面的知识。这成为我国古代高等教育面向世界、走向世界的一个重要表现。日本政府在隋唐时期积极地与我国进行文化交流，并向我国学习，曾派出多批遣隋使和遣唐使，其中包括留学的学生与僧人。717 年，日本派出的遣唐使人数众多，这里面就包括著名学者阿倍仲麻吕和吉备真备。日本通过派遣遣隋使、遣唐使的方式，使中国的政治制度、教育制度、考试制度、佛教文化、建筑文化、饮食文化等源源不断地传播到日本，对日本的政治制度、教育制度、佛学文化、建筑理念和餐饮文化等产生了全方位的影响。

同中国相仿，日本古代的学校教育制度也以养士教育为主要目的，学校是为统治阶级培养官员的场所，学生成为后备官员。所谓养士，就是以士为师友，以发挥智囊团的作用。唐朝时期，日本来中国留学人员中比较著名的是吉备真备和阿倍仲麻吕。吉备真备曾在中国留学近19年，回国后在大学任教，以“六义”（赋、比、兴、风、雅、颂）等中国传统文化为教学内容，最终促进了日本学制的深入改革。阿倍仲麻吕通过在太学学习和参加科举考试，成为唐朝正式官员，一生致力于中日文化的交流与中国文化的研究和传播。

我国的书院制对日本的教育产生了一定的影响。日本学者了解到“书院”这一名词，还是在我国的朱子学和阳明学传入日本之后。江户时代，日本书院的教育内容以汉学为主，侧重对朱子学、阳明学和医学等知识的传播。

二、对古代琉球国、朝鲜半岛和越南等国家和地区高等教育的影响

古代的琉球国、朝鲜半岛和越南等国家和地区的高等教育也受到了中国古代高等教育的影响。

《琉球国第四批派遣留学生在北京学习生活调查》显示，1392—1579年，琉球国向我国共派出留学生23批，共计80余人；1688—1873年，该国共派出留学生9批，共计49人。[①] 到了明清时期，琉球国曾多次派遣留学生到我国国子监进行语言学习和文化学习。

372年，朝鲜半岛的高句丽模仿东晋的学制，设立了太学。682年，新罗开始效仿唐朝，实行国学制度，设立儒学科和技术科，以贵族子弟为主要培养对象。759年，国学改名为大学监。大学监内设有博士和助教，以儒学和算学为教育内容。788年，新罗实行科举考试制度，考试内容为汉文和儒家典籍。同时，新罗还派出大批贵族子弟到唐朝学习。840年，结束学业归国的新罗留学生人数达到105人。[②] 新罗从中央到地方的教育都尊崇儒学，并将其作为本国的核心教育内容。元代初年，高丽很多学者将大量程朱理学典籍从中国带回国，并作为大学的教学内容，广泛地传播了理学知识。在高丽末期，中国的书院制也开始影响高丽的私学教育。朝鲜历史上第一所中国式书院是建立于1543年的白云洞书院。其与作为官学的乡学具有同等重要的地位。各个官学与书院由于深受朱熹教育思想和教育实践的影响，因此在学规和学制方面都效仿朱熹建立的白鹿洞书院的学规和学制，并且确立了书院的教育与科研两重职能。在该国崇奉我国先贤的书院当中，崇奉朱熹的书院有25所，占书院总数

① 鲁宝元．琉球国第四批派遣留学生在北京学习生活调查[J]．国际汉学，2004（2）：242-252.

② 卫道治．中外教育交流史[M]．长沙：湖南教育出版社，1998：8-10.

的 43.8%。[①]

1070 年，越南创立了文庙，时至今日，越南河内仍保存有文庙的古迹。1075 年，越南首次采用科举制选拔高级管理官员。1076 年，越南在京都设立了国子监，以贵族子弟为主要培养对象。除了官学教育和科举制之外，中国的私学教育对越南教育的影响也很大，这种影响的实施主体为在越南的中国儒家学者和在中国学习回国的越南学者，他们通常都以师徒传授的形式传播中国儒家学派文化。

三、华侨媒介

在这一时期，中国还可以通过华侨这一群体传播教育制度和传统文化。正是通过他们，我国的文化和教育制度逐渐传播到爪哇、吕宋、吉隆坡、新加坡等国家和地区。我国的书院制就是以华侨为媒介才传播到了美国和新加坡等国家。1854 年，由侨商陈金声在新加坡建立的萃英书院后来成为享有盛名的华文学校。旅美华人学者邓嗣禹于 1943 年 9 月在《哈佛亚洲研究学报》发表了《中国对西方考试制度的影响》一文，这篇文章便是以 1570—1870 年伦敦出版的 70 多部著作为史料撰写而成，该文详细论证了中国科举考试制度对西方考试制度的深远影响。我国学者刘海峰根据海外发现的 1870 年之前的近 50 种关于科举的西方论著史料，就科举制度对西方文官考试制度的影响作出了充分的论证。

第二节　起步阶段

中国近代高等教育国际化发展是在西方列强的坚船利炮下被迫展开的。这个时期可以分为两个阶段：第一阶段是鸦片战争之后到中日甲午战争之前，第二阶段是中日甲午战争之后到中华人民共和国成立之前。

一、鸦片战争之后到中日甲午战争之前高等教育国际化的发展

鸦片战争之后，西方列强入侵中国使中国人开始睁眼看世界，中国人传统的天朝大国梦受到强烈的冲击。林则徐和魏源等人开始从世界视角审视中国

① 杨布生，彭定国. 中国书院与传统文化 [M]. 长沙：湖南教育出版社，1992：235-238.

存在的问题，并提出“师夷长技以制夷”的观点。洋务派这个时候把目光转向了列强的坚船利炮，开始了对西方列强先进科学技术的学习。洋务派在进行洋务运动的初始便发现，中国的翻译、船舶建造、枪炮制造和海陆军人才匮乏，于是开始积极筹建一批语言类、技术类和军事类的洋务学堂。19 世纪的后半期，我国的高等教育国际化进入了起步阶段。这一阶段高等教育国际化发展可以总结如下。

第一，在学校教育及管理建设方面，受“西学东渐”思潮的影响，洋务派开始主张设立西式学校，学习西方先进科学技术，派遣中国学生到发达国家进修和学习，为洋务派培养实务人才。1861 年，京师同文馆建立，这是近代中国第一次改变了科举取士的旧教育制度，也是向西方教育学习迈出的第一步。京师同文馆的教学内容以西学为主，采用班级授课制的方式传授知识，大大提高了教学效率。从此之后，各地的洋务学堂纷纷建立。

第二，在培养目标方面，创办洋务学堂的宗旨是培养维护腐朽的封建制度的管理人员，但西方先进的政治文明、教育思想和科学技术不可避免地融入了当时的高等教育体系之中。上海广方言馆于 1863 年建立，次年，广州广方言馆建立。开设广方言馆的目的就是培养通晓外语的人才。为了顺应历史潮流和肩负起拯救民族危亡的历史使命，洋务学堂在教育观念、培养目标、教育内容、课程设置和教学方法等方面都借鉴西学，以学习西方教育模式为主要特征。可以说，洋务学堂真正地加快了中国近代高等教育国际化的进程，它将西学引入了中国传统教育之中，从而导致了不占主体地位的西学对中国传统的课程结构的冲击和传统教育体制的裂变。此外，外国语言、近代数学、历算、天文测量、兵器制造等西方教学内容也被引进来。

第三，在学校课程设计方面，丁韪良于 1872 年在京师同文馆制订了一个八年课程计划，即“首年：认字写字、浅解辞句、讲解浅书；二年：讲解浅书、练习文法、翻译条子；三年：讲各国地理、读各国史略、翻译选编；四年：数理启蒙、代数学、翻译公文；五年：讲求格物、几何原本、平三角、弧三角、练习译书；六年：讲求机器、微分积分、航海测算、练习译书；七年：讲求化学、天文测算、万国公法、练习译书；八年：天文测算、地理金石、富国策、练习译书”。

创办于 1866 年的福建船政学堂，是中国第一所近代海军学校，也是中国近代航海教育和海军教育的发源地。福建船政学堂分为前后两个学堂。前学堂为制造学堂，又称“法语学堂”，主要培育船舶制造和设计人才，主设造船专业，开设法语、基础数学、解析几何、微积分、物理、机械学、船体制造、蒸汽机制造等课程。后学堂为驾驶学堂，亦称“英语学堂”，旨在培养海上航行驾驶人员和海军船长，主要专业为驾驶专业，后增设了轮机专业，下设英语、地理、航海天文、航海理论学等课程。

第四，在出国留学方面，1872—1875年，由容闳倡议，在曾国藩、李鸿章的支持下，清政府先后派出四批共一百二十名学生赴美留学。学习内容包括步算、军政、制造和船政等。此后，洋务派创办的福建船政局开始向欧洲派遣留学生。洋务派通过向造船、驾驶等方面技术先进的法、英等欧洲国家派遣留学生，求得其知识与技术，从而达到“自强”的目的。1877年3月底，首届留欧生乘船驶离中国；第二届学生在1882年离开中国赴欧，黄庭、陈兆艺、陈伯璋等人被分配至法国、英国、德国学习，并于1886年返回；1886年，第三届留欧学生的选派也较为顺利地完成。他们于裴荫森上奏同年从香港地区乘法国游船离国赴欧学习，贾凝禧、郑守箴等人分配至英国、法国学习，1890年陆续返回。日俄战争结束后，获胜方日本成了我国学习的对象，国内迅速出现了一股留学日本的热潮。①

二、中日甲午战争之后到中华人民共和国成立之前高等教育国际化的发展

中日甲午战争之后，中国高等教育国际化的发展受到了因中国失败而引发的割地赔款危机的影响，中国从此坠入了半殖民地半封建社会的深渊。在这一特殊的时期，中国政府希望通过学习西方高等教育先进的理念，培养拯救民族危亡的实用性人才，但该时期的高等教育课程带有明显的日本教育痕迹，如教育学、政治学、哲学、经济学、法学和心理学等西方近代社会科学的各个门类的教科书都是通过从日本引进的方式进入中国近代大学课堂的。学术界的研究者通常把这一时期认定为我国近代高等教育在教学内容和课程体系方面学习和移植的第一个高潮时期。

1911年，辛亥革命胜利后，“中华民国”随即建立。为了满足新兴资产阶级接受教育和发展教育的需要，具有进步思想的学者开始到西方认真考察西方的教育制度和教育经验，认真学习其高等教育成果，并把所学到的理论知识结合本国实际之后应用到教育实践中。从严格意义上讲，中国这一时期的高等教育已不再单纯地借鉴和移植西方模式，而是在不断地探索适应本民族、本国发

① 朱雪波，蒋羽西．我国高等教育国际化战略研究：历程、热点和未来趋势[J]．温州医科大学学报，2022，52（1）：77-82.

展路径的教育模式。时任北大校长的蔡元培曾多次到欧洲进行实地考察，依照西方大学模式对封建气息浓厚的北大进行了全新的改造，赋予了北大民主、自由、科学的教育精神。

中日甲午战争之后到中华人民共和国成立之前这一阶段高等教育国际化的发展可以总结如下。

第一，在学校课程设置层面，《大学规程》于1913年1月颁布，该规程所列科目总数比清末颁布的《奏定学堂章程》所列科目总数要多出300多门。专科学校的科目总数也是清末相应学堂科目总数的2～3倍。

第二，在学校管理机制层面，1927年6月，国民政府接纳了蔡元培和李石曾的提议，仿照法国教育行政制度，在中央设立全国最高的学术和教育管理机构——中华民国大学院，地方试行大学区制，从此，中华民国以来在中央政府设教育部、各省设教育厅的教育行政制度被取代。同年10月，中华民国大学院（以下简称大学院）成立，蔡元培为大学院首任院长。大学院设大学委员会，下设高等教育、社会教育、普通教育、文化事业及若干委员会和直属国立学术机构。

第三，在出国留学层面，1908年，美国国会作出决议，决定从1909年起将美国所得庚子赔款的一部分以“先赔后退”的方式还给中国，并和中国政府达成约定，将这笔款项作为中国留学生进入美国各大学深造的专用款项。这一举动的实质就是培养亲美人才。根据中美双方的商定，自退赔款之日起的前四年，中国每年派遣约100名学生赴美学习。从第五年起，中国每年至少续派50名学生赴美学习。

同时，美国还在北京设立了作为留美预科学校的清华学堂，招收品学兼优的中学毕业生，并且实行公费教育。受到美国这一政策的吸引，中国的学生开始源源不断地赴美留学。第一批因庚子赔款而留美的学生于1909年10月赴美学习。1909—1925年这10多年，中国派出的赴美国各大学深造的学生总计1031名。[①] 受这一政策的影响，中国留学生在留学国家的选择上从日本转向了美国。根据1930年在南京举行的第二次全国教育会议的决议，国民政府教育部于1933年4月制定了《国外留学规程》，该规程总计46条。该规程将留学教育定位于“派赴国外研究专门学术”这一层次。教育部于1944年12月举行了研究生公费留学英、美的考试，共录取209名学生，他们于次年4月陆续赴英、美学习。在中法教育交流方面，里昂中法大学作为我国在海外设立的第一

① 刘晓亮．地方高校教育国际化[M]. 北京：中国石化出版社，2016：43.

所大学，于 1921 年 10 月正式开学。学校规模虽小，但它的建立却促进了中法两国的教育交流。

第三节　探索阶段

中华人民共和国成立之后，我国的高等教育开始以为社会主义建设培养新型人才为宗旨。中华人民共和国在教育改革中主要借鉴了苏联制度化的高等教育经验，从教育体制到高等教育的办学模式，乃至课程结构的设置都仿照苏联模式。党中央确定了我国按照苏联模式重建教育制度的发展方向，对高等教育进行了大规模的改革。这一时期，高等教育国际化发展可以分为两个阶段：第一阶段为中华人民共和国成立初期到 1965 年，第二阶段为 1966 年到改革开放之前。

一、中华人民共和国成立初期到 1965 年高等教育国际化的发展

从 1952 年开始，我国教育事业进入整顿阶段。这一时期我国主要是向苏联学习，并且仿照苏联模式设立中央人民政府高等教育部（以下简称高等教育部）和建立高校。高等教育部对高等学校的教学计划与课程设置进行集中式管理。高校的建立开始以服务经济与社会发展为导向。中国人民大学的建立旨在为我国社会主义建设培养高层次的建设和管理人才，哈尔滨工业大学则以为国家培养高层次的理工类人才为目标。这两所高校的苏化模式发展也影响到其他高校的教育，各高校纷纷开始聘请苏联教育专家、使用苏联的教学计划和大纲。我国在 1952 年进行的院系调整也是模仿苏联高等院校的院系设置，国内大部分的综合性高校被取消，技术和专业教育被大力推广。我国的高等教育开始摆脱半殖民地半封建社会的属性，向社会主义属性转变。1953 年院系调整结束之后，工科院校由 1949 年的 18 所增加到 38 所，工科学生由 1949 年的 3 万人增加到 1953 年的 8 万人，在校生所占比例由 26.2% 增加到 37.7%。师范院校由 1949 年的 12 所增加到 1953 年的 37 所，占全国高校的比例由原来的 10.3% 增加到 18.8%。①

我国在这一时期对教育的新定位是让教育服务于经济建设，尤其要服务于工业化的发展。全方位地效仿苏联教育模式使得中国科学院成了独立于高校

① 中国教育年鉴编辑部 . 中国教育年鉴 [M]. 北京：人民教育出版社，1994 : 966.

体制之外的专门性科研机构，进而导致我国高校自身的科研职能被限制甚至被取消。从此，高校只作为教学机构存在。

1952—1956 年，我国翻译和出版的苏联高等学校教材总计 1393 种。[①] 与苏联的高等教育交流包括引进苏联教育理论，有组织地翻译苏联教材、教学大纲和教学计划，聘请苏联专家，互派留学生和教育代表团，等等。不可否认，我国高等教育对苏联教育模式的学习和移植，在短时期内的确为中华人民共和国成立初期建设作出了重要贡献。

这一阶段我国高等教育单一地学习苏联经验和模式，却忽视了我国社会实际。这种盲目学习和移植的弊端也日渐暴露。苏联的高等教育模式与高度集中的管理体制违背了我国大学自主办学的传统精神。学科之间分化、专业面和知识面狭窄，使得培养出来的人才无法全面地发展、缺乏能力灵活性，这些都与我国教育培养宗旨相悖。在外语教学方面，单纯地学习俄语而放弃其他语种的学习和教学，如对英语的学习，这在很大程度上会把自我封闭起来，还切断了对外合作和交流的路径。

1956 年和 1963 年，我国针对科技发展，分别制定了《1956—1967 年科学技术发展远景规划》和《1963—1972 年科学技术发展规划》。这两个规划重点强调发展军事和与重工业相关的科技。这一时期，我国除了与苏联在高等教育层面存在交流，还与世界其他社会主义国家以互派教育访问团、高校教师互访的方式展开了高等教育相关领域的合作和交流。以 1950 年为例，中国政府第一次派出 35 名学生远赴罗马尼亚、波兰、捷克斯洛伐克（现捷克和斯洛伐克）、匈牙利和保加利亚学习当地的语言、历史和文化。[②]

二、1966 年到改革开放之前高等教育国际化的停滞

1966—1976 年为我国高等教育国际化发展的中断时期。此时中国高等教育处于封闭的状态，教育的发展脱离了正常的轨道。因为排斥国外的文化，所以教育国际化无从谈起。

综上，20 世纪 70 年代以前，我国高等教育国际化的发展几乎全部被知识的内在追求所支配。学者和学生的跨国流动主要基于个人追求学问和传播知识的动机，是一种私人性质的活动，而且大多情况下是自发行为。学者和学

① 吴洪成 . 五十年代我国学习苏联教育的历史反思 [J]. 河北大学成人教育学院学报，2004（4）：22-25.

② 吴坚 . 当代高等教育国际化发展 [M]. 北京：人民出版社，2009：147.

生的跨国流动，不论是非官方的还是官方的，其流动的规模都不大，而且形式单一。我国高等教育模式主要借鉴了苏联模式，虽然在早期取得了一定的成绩，但是随着时代的发展，苏联模式已经不再适应我国社会的发展现状。突如其来的“文化大革命”使我国高等教育国际化的进程暂时中断，这也为我国高等教育国际化的后期发展留出了空间，新的高等教育国际化进程开始在压抑中酝酿。

第四节　初步发展

中国共产党十一届三中全会召开以后，我国高等教育国际化终于迎来了快速发展的机遇。改革开放之后，我国把高等教育发展的重点放在高校的建设和发展上。同时，中国开始制定社会主义市场经济体制，实施经济体制改革。市场经济的核心环节是建立竞争机制。在经济全球化和一体化的背景下，这种竞争本身就带有国际化的属性，它要求进入社会的高校人才要具有广阔的国际视野和国际化的知识结构。

鉴于以上原因，高校的首要任务便是培养能够应对国际化所带来的挑战的高级人才。经济体制的改革和发展带动了教育领域的改革和发展。高校办学自主权的逐渐扩大使得高校与生产、科研以及社会其他层面的联系不断增强，这既为高校在市场经济中的发展与进步奠定了坚实的基础，也为高等教育体制的改革夯实了基础。高校办学自主权不断扩大使得高校与国际学术界的联系、交流和合作日益频繁。从这个意义上讲，高校成了推动我国高等教育国际化的重要载体。

这一时期高等教育国际化发展情况可以总结为以下几个层面。

一、宏观政策和法规制定层面

1985 年 5 月 27 日，中共中央发布的《关于教育体制改革的决定》指出：“要通过各种可能的途径，加强对外交流，使我们的教育事业建立在当代世界文明成果的基础之上。”20 世纪 90 年代，我国高等教育国际化的发展进入了首个高潮期。1993 年 2 月 13 日，中共中央、国务院印发的《中国教育改革和发展纲要》指出：“进一步扩大教育对外开放，加强国际教育交流与合作，大胆吸收和借鉴世界各国发展和管理教育的成功经验。”1995 年 3 月 18 日，第八届全国人民代表大会第三次会议审议通过的《中华人民共和国教育法》用专章规范了教育的对外交流与合作，较详细地阐述了有关教育国际化方面的态度、方式、方法等问题。教育部于 1998 年 12 月 24 日颁布了《面向 21 世纪教育振兴行动计划》，该计划的第十六条明确提出，加强国际学术交流。除按现有留学基金制度继续派遣短期访问学者外，由国家资助，选拔大学系主任和研究所、实验室骨干作为高级访问学者，有针对性地到国外一流大学进行研修、交流。邀请海外知名学者特别是世界一流大学的教授任国内大学客座教授，来华进行短期讲学和研究。此外，还要采取各种措施，鼓励留学人员回国服务，或以其他方式为提高我国高等学校的教学质量和科学水平贡献力量。这些政策和法规都有利于使我国高等教育国际交流与合作的措施和目标实现制度化、效率化和规范化的发展。[①]

二、出国留学规定层面

教育部于 1978 年 8 月 4 日印发《关于增选出国留学生的通知》，该通知强调，从 1980 年开始每年派 3000 人出国留学，从此开启了一个全新的留学生教育时代。1984 年，国务院印发了《关于自费出国留学的暂行规定》，对自费留学进行规范的同时，也为自费留学提供了政策保障。留学政策由国家公费派出留学到允许单位派出，进而鼓励自费留学，并把自费留学定位为贯彻对外开放政策、引进国外智力的一个重要方面。1986 年，国务院批准和通过的《国家教育委员会关于出国留学人员工作的若干暂行规定》提出了“按需派遣，保证质量，学用一致”的选派方针。1992 年 8 月，国务院办公厅又发布了《关于在外留学人员有关问题的通知》，进一步提出了“支持留学，鼓励回国，来去自由”的新方针。

三、接收留学生层面

1972—1978 年，我国向 49 个国家派出了 1977 名留学生，接收了来自 72 个国家的近 2100 名留学生（1973—1976 年），并执行了向法国、英国、加拿大等国派遣少数学者短期讲学的政策。[②] 改革开放以来，派遣学生来华留学的国家不断增加。1979 年 1 月，教育部和外交部等有关部门联合召开了外国留

① 叶欣，季卓豪，陈绍军 . 发达国家高等教育国际化新发展的经验与启示 [J]. 江苏高教，2021（12）：138-142.

② 李盛兵 . 新中国成立 70 年高等教育国际化特征与趋势 [J]. 北京教育（高教），2019（10）：69-72.

学生工作会议，会上确立了接收外国留学生的十六字方针——“坚持标准，择优录取，创造条件，逐步增加”。此次会议后，我国接收外国留学生的规模迅速扩大，接收程序也越来越规范。有关统计数据表明，截至 1996 年，我国共计接收留学生 41 211 人，一跃成为世界接收外国留学生较多的八个国家之一。①

四、合作办学层面

20 世纪 80 年代后期至 90 年代初期，中外双方在我国境内外合作建立的办学机构逐渐增多。比较典型的合作办学项目为 1987 年美国俄克拉荷马城市大学与天津财经学院（今天津财经大学）合作的工商管理硕士项目，这个项目成为第一个被我国官方批准授予外国学位的中外联合办学项目。1993 年，为加强对中外合作办学的规范管理，国家教育委员会（以下简称国家教委）下发了《关于境外机构和个人来华合作办学问题的通知》。1995 年，国家教委印发《中外合作办学暂行规定》并且实施。至此，中外合作办学走上了规范且迅速的发展之路。1996 年，《关于加强中外合作办学活动中学位授予管理的通知》由国务院学位委员会办公室出台。该通知不仅对我国境内中外合作办学机构给学生授予中国学位和外国学位进行了严格规定，还对中国教育机构在境外办学授予中国学位进行了相关规定。这一通知从内容上对《中外合作办学暂行规定》作了重要补充。

五、交流与合作层面

这一时期，我国高等教育国际化的发展呈现出多样化的交流与合作特征。1982—1985 年，我国共计举办了 47 场教育国际会议。教育部直属高校和单位仅在 1995 年就派出专家 1938 人，共计出席 56 场国际会议，与会人员中具有高级职称的比例达到了 84.5%。②1985 年，我国开始了对外国研究生的招收与培养工作。1985—1986 年，国家教委直属高校聘任外国学者、教授 60 多名，他们成了我国高校的客座教授。1979 年，中美建交之初，邓小平同志便与美国总统卡特签署了《中华人民共和国政府和美利坚合众国政府科学技术合作协定》，并在其后的相关议定书中规定了两国教育合作的内容、原则与范围。

① 董秀华 . 从国家化走向国际化：21 世纪中国教育发展的一大趋势 [J]. 全球教育展望，2001（6）：64-70，44.

② 刘晓亮 . 地方高校教育国际化 [M]. 北京：中国石化出版社，2016：48.

1980年，我国教育部开始与日本开展国际交流基金合作，旨在利用国际交流基金合作的方式为我国培养大学日语专业的教师。1993年，中德双方在科尔总理访华期间续签了“文化交流计划”，并签署了政府间协议，允许德国学术交流中心在我国设立办事处。

由此可见，20世纪80年代以来，我国高等教育国际化发展的主动性增强，留学人员逐渐由“单向”流动转向相对对等和均衡的“双向”流动。经济因素和政治因素逐渐成为推动高等教育国际化发展的主要力量。我国高等教育的国际化发展涉及层面变宽，从政策法规支持到中外合作办学，再到各种形式的中外交流与合作。我国高等教育中外合作办学从20世纪80年代带有扶持性质而且谋求中国市场长远利益的合作，发展为20世纪90年代以审慎态度进行中外合作。这一切都表明，我国高等教育层面的合作办学出现了由限制开放到慎重开放的巨大转变。

第五节　特色发展

进入21世纪，我国高等教育国际化开始向纵深方向发展，特别是开始步入特色化的高等教育中外合作办学之路。这种路径实施是以规范性的政策法规为指导，全力推进高等教育国际化进程。

2001年12月，中国正式加入世界贸易组织（以下简称WTO）。在教育领域，尤其是高等教育领域层面，我国之前的《中外合作办学暂行规定》中的一些条款与我国加入WTO时的承诺出现了不一致的地方。针对这些问题，我国政府组织相关专家和工作人员研究了以往中外办学政策法规，并于2003年制定并出台了《中华人民共和国中外合作办学条例》。该条例共计8章64条，分别从总则、设立、组织与管理、教育教学、资产与财务、变更与终止、法律责任和附则等方面明确了我国支持和倡导的国际合作办学的方向、层次以及开展领域。该条例也成为我国历史上第一部关于中外合作办学的行政性法规。2004年，教育部出台了《中华人民共和国中外合作办学条例实施办法》，同时停止执行1995年制定的《中外合作办学暂行规定》。新的实施办法主要针对中外合作办学的项目与机构的设置条件、招生规模、收费标准以及办学质量等方面提供政策规范，是对《中华人民共和国中外合作办学条例》在配套政策上的可操作性的细化。[①]

在中外合作办学项目和机构的审核方面，教育部于2004年发布了《关于做好中外合作办学机构和项目复核工作的通知》，旨在“引入国外真正的优质教育资源，规范招生、收费、颁发证书等方面的制度，遏制资质不良的境外机构与国内不具备办学条件的机构的违规办学，维护正常教育秩序”。由此，我国针对中外合作办学项目与机构开始了大规模治理与整顿工作。其复核和整治工作随着后来发布的《关于当前中外合作办学若干问题的意见》（2006年2月）和《关于进一步规范中外合作办学秩序的通知》（2007年4月）稳步地向前推进。

我国中外合作办学监管工作信息平台于2008年试运行。这一平台是在借鉴和学习教育涉外监管信息网络针对加强自费出国学习监管工作的典型做法之后，开始着手设计和开发的。这个平台全程对中外合作办学起点、办学过程、证书发放等环节进行动态监管。作为监管工作信息平台的一部分，境外学位和学历认证工作主要分三个步骤进行：一是办学实体提交颁发证书的认证信息，二是学生发出认证申请，三是学生在申请认证后注册账号查询。这些措施都表明，通过信息的全面发布，在政府服务社会和管理社会职能的发挥下，政府主管部门、社会参与力量和学生共同致力于监管模式的形成。中外合作办学公开、透明的科技化行政办公保障了受教育者的参与权、知情权、监督权和管理权。

在中外合作办学的评估方面，2009年，教育部开始采用分阶段渐进式的方法对国内四个省的中外合作办学进行评估。这种渐进式评估是将一项改革方案或政策在一定的区域和范围内试行，待积累了经验之后，结合所取得的成果来调整政策，从而在更加宽广的范围内推进改革措施。无论是中外合作办学的评估，还是中外合作办学政策的调整，都采用了具有中国特色的渐进式改革模式。

《国家中长期教育改革和发展规划纲要（2010—2020年）》（以下简称《纲要》）于2010年5月出台。《纲要》基于国家发展的总体战略，对2010—2020年我国教育改革与发展进行了规划，具有里程碑式的意义。在《纲要》中，教育开放的扩大和优质教育资源的引入被重点强调，“吸引境外知名学校、教育和科研机构以及企业，合作设立教育教学、实训、研究机构或项目。鼓励各级各类学校开展多种形式的国际交流与合作，办好若干所示范性中外合作学校和一批中外合作办学项目。探索多种方式利用国外优质教育资源”。它为中外合

① 刘晓亮．地方高校教育国际化 [M]. 北京：中国石化出版社，2016：48.

作办学的条款提供了资源支持。至此，中外合作办学也被我国列入教育经费的帮扶资助范围。

高等教育层面的中外合作办学在21世纪的第一个十年发展中主要体现出以下特点。

第一，合作的对象以英语国家为主。截至2006年，我国共拥有164个合作办学项目和94所合作院校，这些院校主要来自英国、美国、加拿大和澳大利亚四个英语国家，占合作院校总数的70%。其他的合作院校主要来自德国、法国、日本、韩国。这种倾向与我国国内的教育投资倾向高度吻合，考虑到未来的职业规划，选择去文凭认可度更高的英语国家学习可以给毕业生增加就业优势。

第二，合作办学项目在我国地域分布不均衡。我国的合作办学项目和合作学校大都集中在发达地区和东部沿海地区。北京和上海分别拥有47个和31个合作项目，占合作项目总数的29%和19%。这些都体现了我国现有的合作办学项目具有教育贸易属性，而不是教育援助属性。

第三，在所合作的学科中，以商科和信息技术学科为主。这些学科既不像人文和社会科学那样需要很多图书馆资源的支持，也不像自然科学那样需要良好的实验室条件。因此，这些学科具有低投入、高回报的特点。①

① 孟越，刘红，佟晓丽，等.辽宁省高等教育国际化问题研究[M].沈阳：辽宁教育出版社，2013：105-106.

第二章　地方本科院校教育国际化的宏观厘定

第一节　地方本科院校教育国际化的内涵与本质

一、地方本科院校教育国际化的内涵

教育国际化并不是一个新命题，它是高等教育发展的永恒主题和全球性趋势。在经济全球化、知识经济化、信息网络化、贸易自由化等世界潮流的推动下，特别是在我国加入 WTO 后，教育国际化已经成为 21 世纪初中国地方本科院校教育改革与发展中引人关注的问题之一，受到前所未有的重视。这会影响地方本科院校未来教育的发展，地方本科院校面临着实现教育国际化的重大挑战。

（一）地方本科院校教育国际化相关概念

1. 地方本科院校的概念与职能定位

（1）地方本科院校的概念。高等学校是指按照国家规定的设置标准和审批程序批准举办的，通过国家统一招生考试，招收高中毕业生为主要培养对象，实施高等教育的全日制大学、独立设置的学院、高等专科学校和短期职业大学。根据高校的直接管理单位来分，一般将中央各部委所属的高校称为部属高校，将省、自治区、直辖市所属的高校称为地方高校。部属高校多为国内重点大学、研究型大学，地方高校主要为一般性大学、教学型或教学研究型本科院校及高职高专院校。

本书所说的地方本科院校，是指中央各部委所属以外的，由省、自治区、直辖市所属的各类本科院校，还包括下放到地方管理的市管（省级）各类本科院校。

（2）地方本科院校的职能定位。我国的地方本科院校数量繁多，办学水平也是参差不齐。既有历史悠久、教育资源（经费、设备、师资）充足的老牌地方本科院校，也有刚从专科学校升格、各种配套设施不够完善的地方本科院校。这些学校在我国高等教育系统中处于底层，发展目标和人才培养目标的定位应该区别于部属院校。部属院校的战略定位是培养高层次创新人才，面向国家战略需要，侧重重大基础研究和前沿技术研究。地方本科院校应调整战略定位，培养高科技人才和职业技术人才，开展适合地方需要的应用研究。

高等学校是根据社会发展的需要建立起来的社会机构，其职能随着社会发展需要的变化而变化。蒋韬成等人在论述地方本科院校高等教育国际化教学现状时借用了美国高等教育学家约翰·塞勒·布鲁贝克（John Seiler Brubacher）的观点，即将高等教育发展的指导哲学概括为两种：一是基于认识论，这种大学教育以人的性格陶冶和心智开发为主；二是基于政治论，这种大学教育以满足各种社会需求为目的。[①] 高等教育的发展历程与这两种指导哲学密不可分。中世纪的大学以博雅教育为主，主要培养性格高雅的绅士。随着科学技术的发展、社会生产力水平的提高，18 世纪末，德国大学开始开发大学的科研功能，认为大学的主要功能是探究高深的学问。1862 年，亚伯拉罕·林肯（Abraham Lincoln）签署了《莫里尔法案》，创建了美国历史上著名的“赠地学院”。赠地学院开创了高等学校走出“象牙塔”，以服务社会经济发展为己任的先河。威斯康星大学是高校服务地方经济社会发展的典型代表。1904 年，查尔斯·冯·范海斯（Charles Van Hise）提出著名的威斯康星思想，即大学的主要职能不仅包括教学、科研，还包括服务社会。随着社会经济发展方式的转变和产业结构的调整，作为高智力发展和创新发源地的高等学校在区域经济建设和社会经济发展中发挥着越来越重要的作用。地方本科院校应坚持以区域经济建设和社会经济发展为主要服务方向，其学科专业建设要适应地方经济和产业结构调整的需要，培养当地急需的人才，加速科技转化，优化当地资源配置，为区域经济发展提供智力支持并注入活力，从而实现高等教育与区域经济的良性持续发展。

2. 教育国际化的概念

教育国际化是一个多元概念，不仅包括不同的层次和内涵，还涉及不同的维度和外延，因此，人们对教育国际化的认识各不相同。认识上的不足和错

① 蒋韬成，王峰，刘红，等．地方本科院校高等教育国际化教学现状及思考：以湘南学院为例 [J]. 湘南学院学报，2016，37（3）：104-107.

误会导致实践的错误，要想探讨地方本科院校教育国际化战略，先要明确教育国际化的概念。

阿萨·诺尔斯（Asa S. Knowles）认为，高等教育国际化主要包含以下四个方面的内容：一是教育目标的国际化；二是课程中的国际内容；三是学者（教师和学生）从事与教育、科研有关的国际活动；四是教育系统从事跨国界的技术援助和实行教育合作计划。[①] 欧洲国际教育协会曾指出，“国际教育范围广泛，只能界定为所有与高等教育国际化有关的活动。国际化是一个总体的过程，在这一过程中，高等教育更少地趋向于本国、更多地趋向于国际发展”。

赵中建在论述从一所学校看美国高等教育的国际化时借用了阿鲁姆（Arum）和范德沃特（Van De Water）的观点，即高等教育国际化是一种包含多种多样具体活动的发展趋势，其目的在于提供一种真正融入全球意识的教育体验。它主要包括三个方面的内容：一是课程中的国际内容；二是与培训和研究有关的学者和学生的国际流动；三是国际的技术援助与合作计划。[②]

李新华等人认为，高等教育国际化是高等教育发展的全球性趋势。随着全球化的深入发展，高等教育国际化已从边缘转化为高校管理规划、培养目标和课程设置的一个中心因素。高等教育国际化大致包括大学生的国际交流、教师的互访与学术交流、课程的国际化、大学间的国际合作、国际与区域研究、外语学习等。[③] 刘海峰认为，高等教育国际化是指高等教育扩大对外开放，加强国际学术交流，增加留学生的派遣与接收数量，开展合作研究与联合办学的趋势。[④] 陈学飞认为，高等教育国际化是指一国高等教育面向国际发展的趋势和过程，是把国际的、全球的观念融入高等学校教学、科研和服务等诸项功能中的过程。[⑤]

王一兵认为，目前对于高等教育国际化还难以找到一个公认的定义，不少欧美学者往往把高等教育国际化等同于留学生的派遣和接收、学者访问、学术交流活动等。虽然这一定义有符合实际的一面，但未能反映高等教育国际化的

---

① KNOWLES A S.The International encyclopedia of higher education[M].San Francisco：Jossey-Bass，1977：20.

② 赵中建.从一所学校看美国高等教育的国际化：以宾夕法尼亚大学教育研究生院为例[J].全球教育展望，2001（1）：55-62.

③ 李新华，孙琦.美国高等教育国际化的现状[J].湖南医科大学学报（社会科学版），2002（4）：50-57.

④ 刘海峰.高等教育的国际化与本土化[J].中国高等教育，2001（2）：22-23，29.

⑤ 陈学飞.面向21世纪国际高等教育发展的基本趋势[J].辽宁高等教育研究，1998（6）：25-37.

实质。因此，王一兵教授指出，高等教育国际化的根本目的在于培养出在思想、知识、技能方面兼属上乘，对本国和世界有诸多了解，并在国内和国际具有一定竞争力的人才。①

黄宇智认为，高等教育国际化是指一国高等教育通过与其他国家及国际机构之间的合作与交流，从而成为国际学术系统的一部分，且在其中占有一席之地，同时促进本国与其他国家之间的文化共享。②

从高等教育国际化的各种概念和系统分析中可以看出，给高等教育国际化下一个普遍认同的定义是困难的。因为高等教育国际化是一个复杂的科学问题，涉及高等教育的本质和国际化的本质等。然而，复杂问题不是不可把握和掌控的，也不是不可操作的。我们可以把复杂问题以简化的形式表达出来，透过高等教育国际化的具体细节和表面现象，凸显其特征和本质。

笔者认为，高等教育国际化既是衡量一个国家高等教育水准或一所高校教育水准的标尺，又是一个国家高等教育发展的过程或一所高校努力实现国际教育的过程。其至少包含以下四层含义：①把高等教育国际化理解为一种形式或制度，把国际合作和国际交流等作为高等教育国际化的主要形式；②把高等教育国际化理解为一种内容，主要包括高等教育观念、目的、体制、模式、课程、教师、学生和科研等；③把高等教育国际化理解为一种结果，构建国际化的高等教育，培养国际化的人才；④把高等教育国际化理解为一种过程或趋势，是为世界各国所认同并普遍接受的一体化进程和趋势。

（二）地方本科院校教育国际化实质

高等教育国际化是在全球化背景下，世界各国高等教育发展的一种主流趋势。高等教育国际化是以高等学校为主体，获取各国的高等教育资源，并在符合本国国情的前提下，促进教育资源、教育模式和教育方法的交流，实现教育合作，以新的教育资源、教育模式、教育方法为基点，实现教育创新，使本国高等教育向国际化迈进。

地方本科院校是我国高等教育事业金字塔的塔身部分，但是由于受地域、政治经济、历史文化等方面的影响，我国高等院校教育资源分布不均衡，各地方本科院校之间的差距明显。办学规模小、层次低、缺乏清晰的办学理念、缺乏教学资源、缺乏优秀的教师资源、生源无法保障等问题都在一定程度上制约

---

① 王一兵．高等教育国际化：背景、趋势与战略选择 [J]. 教育发展研究，1999（2）：4-8.

② 黄宇智．当代中国高等教育论要 [M]. 汕头：汕头大学出版社，1994：115.

着地方本科院校的发展。地方本科院校想要在高等院校中占一席之地，不仅要凸显自身的办学特点，提高教师的综合能力，还要紧密结合国际化教育的发展方向，积极拓展自身的生存空间。地方本科院校在发展国际化教育时，需要提高自身的竞争力，拓展自身的发展空间，不断地适应高校国际化教育的大趋势，努力谋求自己的特色发展之路。

1. 知识的普遍性

地方本科院校教育国际化的实质是实现知识的普遍性，达到用知识更好地育人、更好地教人的目的。知识是地方本科院校教育实施的核心，也是地方本科院校教学育人的媒介，知识的创新、更新和丰富，能够为地方本科院校教育的实施提供保障。以往的地方本科院校教育实施过程大多立足于本土，知识信息偏专业化、学科化，知识服务对象大多为高等学校的师生，缺乏普及性。而地方本科院校教育国际化发展趋势是以国际化思维促进本土化知识与国际化信息融合，使知识在国际化发展影响下更生活化、实践化、亲民化。例如，在东西方文化的融合下，推进教育与知识的普遍性，在网络平台中分享、传递教育信息，拓展高等教育服务对象，不仅使师生在网络平台中获取国际化的高等教育信息，还能使普通民众在网络平台中获取高等教育信息。

2. 教育的职能化

地方本科院校教育国际化的实质是教育的职能化。地方本科院校教育国际化能够为地方本科院校教育演化提供契机，建立地方本科院校教育国际化的教育实施模式，能够使教育不仅服务于学生与教师，还服务于更多的社会大众。立足于地方本科院校教育的普及化，推动地方本科院校教育向智能化方向迈进，是地方本科院校教育国际化发展的趋势。因此，地方本科院校不仅要立足于教育界，还要从文化、政治、经济等多个维度审视教育发展实施模式，并基于这些领域的信息，推进高等教育专业化、职业化、国际化，使高等教育既关注学生专业教育，也重视学生职业素质培养，促使学生毕业后成为国际化发展型人才，以此助力本国的经济发展，凸显高等教育的育人功能。

二、地方本科院校教育国际化的本质

黄建加在论述加入 WTO 后中国高校课程国际化问题时借用了日本的喜多村和之的观点，即高等教育国际化具有以下三个本质特征：一是能够为他国、他民族所承认和接受；二是能够与外国进行平等交流；三是能够充分对外开放。[①] 这一观点在某种意义上揭示了高等教育国际化的本质。凡是本质的东西都是潜藏在现象背后的，需要透过复杂的现象才能接近、认识本质。突出地方本科院校教育国际化的本质和本质联系，区分地方本科院校教育国际化的非本质和非本质联系，有助于把握地方本科院校教育国际化的趋势和动向，有助于确定地方本科院校教育国际化战略的定位。

第一，地方本科院校教育国际化存在问题和不足，因此有变革的必要，而且实际上已经有变革的趋势，但这一过程还没有深化。地方本科院校教育国际化是特定历史条件下的产物，国际社会发展到能为各国开展高等教育国际化创造必要和可能的条件时，才会有地方本科院校教育国际化的需要，才能有地方本科院校教育国际化的理论和实践。也就是说，当历史发展趋势要求人类成为一个命运共同体时，国家的教育国际化才能顺利展开。可见，高等教育国际化不可能是一国的孤立现象，而是一种世界性趋势。国家及作为其国家成员的组织和个人，在当今全球化的背景下，积极地接受和吸收世界具有普遍性和合理性的知识、规范、制度、价值观及行为方式，通过消化转化为本民族的文化因素，逐步地适应国际高等教育的发展，这一高等教育变革的过程就是地方本科院校教育国际化的过程。

第二，地方本科院校教育国际化并不是新现象，它和高等教育国际化属于历史范畴。地方本科院校教育国际化是世界高等教育演进中的普遍现象，是高等教育由地区到全球、由相互隔绝到相互交流融合并日益走向世界的发展过程。换言之，地方本科院校教育国际化就是各地方将自身创造的独特文化推广到世界、融入世界文化宝库并产生积极影响的过程。因此，国家和民族的高等教育国际化都属于历史范畴。这种高等教育国际化的实现程度和内涵也因时代不同而有历史性差异。中世纪大学就是具有国际性的高等教育机构，但中世纪大学的国际性是有历史局限性的。只是在 19 世纪和 20 世纪，高等教育具有强烈的民族、国家特征，国家主义和民族主义掩盖了高等教育国际化的本质；而在经济全球化时代，高等教育国际化又成为时代的潮流，具有了全新的意义，实际上是高等教育的重新国际化。

第三，地方本科院校教育国际化要面对国际化与民族化的冲突。作为高等教育核心的大学，是现代社会中真正的国际性机构，大学所创造、所保存和所传授的知识在许多领域是具有普遍性的，由于高等教育处于知识的国际性

① 黄建如．加入 WTO 后中国高校课程国际化问题 [J]. 集美大学学报（教育科学版），2004（1）：22-26.

和本国特有的结构、组织与培养制度的张力之中，因此，就需要妥善解决国际化与民族化的冲突问题。高等教育国际化在促进文化和教育交流的同时，不能忽视高等教育为本国、本民族服务的目的。高等教育就目前来说首先是民族的，其次才是国际的，因为这个时代仍然没有超越民族主义。所谓高等教育国际化，在很大程度上还是“国家与国家”或“民族与民族”之间的高等教育关系，国际化与民族化并不矛盾，它们在本源上是一致的，犹如一枚钱币的两面。高等教育国际化与民族化是在高等教育现代化过程中出现的两种必然趋势，两者相辅相成，不可偏废。因此，只有走国际化与民族化相结合之路，才能推动高等教育不断向现代化演进。

第四，地方本科院校教育国际化并不是高等教育渐进地变化和发展，而是高等教育一种质的飞跃。其主要表现为地方本科院校教育国际化不再是少数一流大学的事，各种类型的大学都要国际化；国际化活动成为高等学校经常性、系统性工作的一部分；国际化活动不再是边缘性的活动，不再局限于一些孤立的外事办公室之中，而是高等学校的中心事务；国际化活动渗透到大部分专业和学科中，不再是少数国际事务专家的事。这些方面都表明高等教育国际化会导致高等教育产生质的变化，并成为高等教育的一场革命。

总之，地方本科院校教育国际化是一种教育理想，是一种教育价值，更是一种教育趋势，它是高等教育思想、模式、内容以及课程、教材、教师、学生等诸多方面国际交流的形式、过程与趋势的总和。高等教育国际化是一个“多元方程”，具有历史性、层次性、地域性、民族性、变动性等特点。从高等教育国际化的历史来看，高等教育国际化总是与一定的历史条件相联系，当前高等教育国际化的浪潮也是与高等教育的发展历史直接相连的；从高等教育国际化的层次来看，高等教育国际化涉及高等教育观念的国际化、课程的国际化、人员交流的国际化等方面，具有多层次性；从高等教育国际化的地域来看，高等教育国际化不是西方化，不是美国化，但要按照高等教育发展的规律，实现高等教育的国际通用性，提高本国、本民族高等教育的国际竞争力；从高等教育国际化的变动性来看，高等教育国际化是高等教育发展的全球趋势，既有渐进和量变的过程，又有飞跃和质变的过程。

第二节　地方本科院校教育国际化的要素与特征

一、地方本科院校教育国际化的要素

教育观念的国际化、教育目标的国际化、教学内容的国际化、人员的国际交流、教学设施的国际化和教学成果的国际化，这六个基本要素不仅相互作用，还相互制衡，地方本科院校教育国际化有机体系想要高效运转，就需要发挥基本构成要素的协同效应。为提高地方本科院校教育质量与实现地方本科院校教育国际化，这六个要素应围绕教育国际化主要目标相互合作，以便让系统运作得井然有序，避免不必要的内部摩擦和冲突。[①]

（一）教育观念国际化

地方本科院校教育国际化的前提在于要有国际化的教育观念，要从全球的视角出发来认识教育的改革与发展问题。例如，日本政府在 20 世纪 50 年代中期就意识到："以国际化观点进行教育改革是关系到我国生存与发展的重要问题。"日本文部省编写的 1995 年版《教育白皮书》提出，为增进国际理解，确保世界和平与国际社会的稳定，必须继续有计划地推进教育、文化、体育领域内的交流与合作，建立国际信赖关系，并且进一步对外开放。刘红等人在论述高等教育国际化时借用了美国高等教育专家、前卡内基高等教育政策研究理事会主席克拉克 · 科尔（Clark Kerr）的观点，认为"我们需要一种超越本地学院传统的新的高等教育观念，就是高等教育要面向世界发展""教育关注的是整个世界，而不只是其中的一个部分"。[②] 知识无国界，各国知识分子都应做有助于扩展人类的知识和人类相互理解的广度的工作。通过获得知识和技能，受过教育的人们将在更多的国家和文化中发挥作用。其大多数公众具有良好的全球意识的国家，在国际上将占据优势。在法国，坚持大学的开放性是近年来政界和教育界的共识，其认为只有高等教育才能够在欧洲范围内为法国培养精英，在欧洲事务中承担一定的责任。1992 年，法国有 1.5 万名大学生参

① 刘彦军，孟兆娟 . 研究生教育国际化：内涵、构成要素及优化路径 [J]. 产业与科技论坛，2020，19（3）：119-122.

② 刘红，张跃进，佟晓丽 . 高等教育国际化 [M]. 北京：兵器工业出版社，2005：4.

加了旨在鼓励和促进欧共体成员国之间大学生的交流、发展高等学校之间的联系的伊拉斯谟计划。澳大利亚政府认为，国际教育在澳大利亚的国际关系中占据着重要的地位，能够扩展其经济、文化，能够通过更广阔的国际视野丰富其教育培训系统，并拓宽其社会纬度。

（二）教育目标国际化

越来越多的国家在高等教育培养人才的目标上增加了国际化的内容。一方面是在思想上培养学生的国际意识，主要是指为增进不同民族、不同文化的相互理解而加强国际理解教育，使学生能够深刻理解多元文化，能够在国际文化交流中充分沟通思想，能够从国际社会和全人类的广阔视野出发判断事物；另一方面是在能力上培养学生具有在国际市场中竞争的能力，使学生掌握一些将来在国际社会工作中会用到的知识和技能。具体来说，要使培养出来的人才懂科技、通外语、会经营、善管理，具有较强的国际意识，通晓国际贸易、金融、法律知识，能够适应国外的工作和生活环境。基于此，地方本科院校要以培养具有国际竞争能力、跨文化交流能力的国际化人才为最终目标，创建符合国际标准的学术科研系统和相应的硬件和软件设施，营造国际化的学习和学术氛围。教育目标的国际化是地方本科院校教育国际化体系的重要组成部分，它在系统中起着指导作用，影响着其他要素的发展路径，并最终决定整个教育国际化体系的高效运转和协同功能的实现。可以说，地方本科院校教育国际化如果缺少了教育目标的国际化，就会陷入无序的状态。

（三）教育内容国际化

教育内容国际化主要包括国际化课程的开发以及教学内容和教学方式的引进和创新。具体地说，地方本科院校先要开发符合学生认知规律的优质国际课程体系，探索符合留学生的培养方式，同时借鉴世界级大学的培养方案，以保证向学生传授的理论知识符合国际规范、顺应国际潮流。教学内容、教学语言、教学方法和教学评价等都应该与时俱进、不断创新，契合留学生发展的需要。教育内容国际化是地方本科院校教育国际化的重心，也是地方本科院校教育国际化体系高效运转的重要一环，因此有必要为学生提供国际化的课程体系、学习材料和教育内容的评估方法。

地方本科院校教育国际化带来了课程国际化问题，一方面要求增设具有国际意义的专业课程，另一方面要求一般课程具有国际性的意义。国际化的课程是一种为国内外学生设计的课程，在内容上趋向国际化，旨在培养学生在国际化和多元文化的社会环境下生存的能力。从实用的角度来说，课程的国际化有两个目的：一是给那些没有去国外留学的学生提供接受国际化教育的机会；二是提高课程对外国留学生的吸引力，而他们的参与对本国学生和教学过程都有益处。课程的国际化不但要开设许多关于其他国家和国际问题的课程，而且所有课程都应该体现国际观点。刘红等人在论述高等教育国际化时借用了美国罗伯特·伯恩鲍姆教授的观点，即各学科如果只体现本国经验，而排斥其他国家的经验，就是欺骗学生，反映了一种愚蠢的沙文主义。[①]

要想实现课程国际化，可通过以下几种方式。

（1）开设专门的国际教育课程。国际教育要求在国际的框架内讲授一个学科，使学生意识到国家的相互联系以及诸如贫穷和种族歧视等问题的普遍性。

（2）开设注重国际主题的新课程。例如，有些大学创设国际关系、国际经济、国际贸易等新学科，或是增设信息科学、比较文化学等有国际化内容的课程。

（3）在已有课程中增加一些国际方面的内容。例如，在选择教材时或采用国外教材，或在自编教材中大量吸收国外同类教材中的内容，或指定相当数量的国外教材和有关论著作为教学参考书目。在内容上密切关注国际上本学科的最新动向，及时让学生了解最新研究成果。

（4）推进国际上普遍关注的重大课题研究，如环境科学、航天科学、能源科学、宇宙科学、生命科学等。

（5）注重地区研究。地区研究不但对于加强和促进学术发展必不可少，而且对于国家利益至关重要。

（6）建立校际联系，把到国外参观学习与课程联系起来。这种方式不仅为学生提供了较好的国际交流实践的机会，还有利于开阔学生的视野、增长学生的国际知识。例如，澳大利亚实现课程国际化的主要方式有：增加课程中的国际性内容；创办联合学位课程，包括专业课程和国际研究课程；开设涉及多国的交叉学科；引进语言学习和地区研究；采用比较和跨文化的研究方法；增加部分国外学习课程或外国学习机会；安排在海外实习或教学旅游；聘请外国访问学者授课。其目的是使本国课程教学具有国际竞争力，使教学内容和教学质量进一步提高。

---

① 刘红，张跃进，佟晓丽．高等教育国际化 [M]. 北京：兵器工业出版社，2005：6.

（四）人员的国际交流

人员的国际交流是地方本科院校教育国际化中比较重要的方面，包括学生的国际交流和教师的国际交流两部分。教师和学生是教育的两大主体，也是地方本科院校教育国际化体系中不可缺少的重要因素。教师在整个教育过程中起着主导作用，地方本科院校教育在国际化发展中，应鼓励并资助教师接受长期而正规的国际培训。聘请多个国家的高层次、高素质教师和专家学者，聘请的本国教师也应具备国际背景、国际视野，具有多年的留学或访学经历，并且具有较高的外语水平。招收的学生可以来自多个国家，但要有能力接受多元的文化教育，具备国际交流与合作的能力，熟练掌握一门或者多门外语。为了提高地方本科院校教育国际化的水平，需要培养具有国际化思维和国际竞争力的教师和学生，确保教育主体的国际化。

1. 学生的国际交流

《2017美国投资移民与资产配置趋势报告》显示，全球有超过500万学生在其祖国以外的国家接受教育。学生大规模留学国外，不仅有助于各国学生之间的相互学习，还有利于扩展课程内容的国际广度，开展跨国文化的研究与讨论。发达国家在高等教育国际化进程中加大了留学生教育的发展力度，尤其是许多国家出台了吸引外国留学生的优惠政策，吸引和凝聚了大批世界优秀人才资源，促进了本国社会的发展。由于美国具有高等教育系统资金投入量大、学校类型和层次多样化、比较开放的入学传统等优势，所以，长期以来美国一直是世界上接收外国留学生较多的国家之一。大批国外学生到美国的大学和学院学习，除了给美国的高等教育系统注入了新鲜血液，还给美国社会带来种种现实和长远的利益。例如，给美国带来巨大的经济利益，有助于美国高等学校学术发展和杰出的国际中心的建设，有助于美国与留学生派遣国政治及其他关系的发展，有助于为美国培养和吸引大批人才。

现代的科技文化交流是一种双向交流，许多国家已经意识到，要培养国际型人才，增进民族间的相互理解，就应派学生到他国去了解该国的历史、文化、风土人情，去参与该国的生活，这样才能真正深入地了解对方。因此，在吸引外国留学生到本国留学的同时，这些国家也加大了选派学生出国留学的力度。例如，美国国际教育研究所发布的2015年度“门户开放报告”显示，2014—2015年在美国入学的中国学生增长到304 040名，相比去年增长10.8%。日本高等教育国际化的一个重要方面是创造条件让学生到海外留学。日本很多大学与国外的高等学校签订了双边或多边协议，给学生提供出国留学的机会。这种合作方式推进了国际化项目的实施与发展，促进了日本高等教育向国际化方向的发展。例如，在20世纪80年代，日本许多大学开设了海外研究课程，并与国外大学订立协议提供短期培训课程，主要目的是为学生提供一个学习外语并置身外国语言环境中的机会。此外，国外的一些私立大学还在海外设立分校，以增加学生出国学习的机会。

2. 教师的国际交流

教师的国际交流是高等教育国际化的一个核心部分。具有国际知识和经验的教师可以直接推动教学、科研向着国际化的方向发展，因此，近年来许多国家的高校采用多种方式增加教师出国访问、进修的次数，同时面向世界招聘教师和学者。例如，新加坡国立大学分别在纽约和伦敦设立教师招聘办事处，派专人到欧美、日本、澳大利亚等地的名牌大学物色人才，高薪聘请著名学者、专家来校任教。日本也在修改有关法律，以增加外籍教师数量，吸引高水平的专家。美国更是以其强大的政治影响、雄厚的经济实力、先进的教学科研条件和优厚的待遇，吸引了大批国外优秀的专家、学者参与本国的国际交流与合作。除了聘请高水平的教师来校任教外，不少学校还邀请国际知名学者、专家进行短期访问和讲学，或聘请著名学者为名誉教授或客座教授。这样不仅使教师队伍趋于国际化，还使教育观念、课程和教学向着国际化的方向发展。

（五）教育设施国际化

以上论述的教育国际化主要涉及“人的因素”，教育设施的国际化则涉及“物的因素”。教育设施的国际化对象是指地方本科院校为学生提供的各类硬件设施（实验室等）与软件设施（文献、图书、互联网等）。

（六）教育成果国际化

教育成果国际化是地方本科院校教育国际化体系的最终产出环节。教育国际化的首要成果是培养出高素质的国际人才，即具有国际视野、全球化意识，具有国际理解能力、跨文化沟通能力和较强学术素养的国际化人才。教师和学生科研成果的国际化是衡量教育成果国际化的重要指标，如教师和学生能够在有影响力的国际期刊上发表文章，参加或组织过国际学术会议，主持或参加了国际化科学研究项目。教育成果的国际化是检验教育观念国际化、教育目标国际化、教育内容国际化、人员的国际交流和教育设施国际化的综合指标，也是衡量地方本科院校教育国际化系统高效运行的重要指标。

二、地方本科院校教育国际化的特征

地方本科院校教育国际化既是一个历史过程，又是一种发展趋势，发挥着民族优秀文化与世界先进文明成果交流借鉴的桥梁作用，培养具有国际知识、国际视野以及国际竞争力的人才，是各国高等教育现代化进程中的一个重要发展阶段。通过对高等教育国际化概念的解析，可以在一定程度上展示高等教育国际化的性质，并在一定程度上揭示高等教育国际化的本质和内涵。通过高等教育国际化的各种不同概念，可以概括出地方本科院校教育国际化的基本特征。

（一）地方本科院校教育国际化的开放化特征

开放化是地方本科院校教育国际化的基础和前提，没有开放的高等教育，就没有高等教育的国际化。在全球化背景下，地方本科院校教育应面对全球化的挑战，变封闭的高等教育组织管理模式为开放的组织管理模式，变国内的高等教育系统为国际的高等教育系统，积极进入国际高等教育市场，分享国际高等教育资源。地方本科院校教育国际化的开放化特征要求国家高等教育在维护教育主权的前提下为世界提供高等教育服务。开放的地方本科院校教育有助于促进不同国籍、不同民族的学者与留学生的交际、交流和交换，有助于学术研究的交流和合作，有助于地方本科院校教育具有多样性和包容性。

开放的地方本科院校教育要求高等学校平等地看待拥有不同文化背景的个人和组织，充分引进外国高等教育的人力资源、物力资源和信息资源，做到资源共享。地方本科院校教育国际化的开放化特征要求高等教育对外开放，并面向世界，海纳百川。其具体是指地方本科院校教育在讲授、学习、研究、服务、管理等方面具有对外开放的价值取向、政策导向及操作策略。

（二）地方本科院校教育国际化的交流化特征

交流化是衡量地方本科院校教育国际化程度的一个重要标志，即通过国际高等教育的交流与合作，建立国际高等教育的交流网络，形成国际高等教育交流的良好机制，开展丰富多彩的高等教育国际交流与合作。①

在经济全球化的推动下，世界范围内兴起了新一轮的高等教育国际化浪

① 陈远明．论教育国际化竞争中新建地方本科院校的出路 [J]. 重庆文理学院学报（社会科学版），2009，28（6）：192-194.

潮，互惠型和跨国界的交流与合作日益密切，跨国界的高等教育活动日益增加，地方本科院校教育国际化已经从以往单纯的人员交流扩大到课程的国际化和跨国教育等方面，高等教育国际交流的范围扩大了。地方本科院校只有不断加深同国际高水平大学的合作与交流，树立适应经济全球化的观念，借鉴世界高水平大学通行的办学机制和运行模式，才能建立起现代大学的教学、科研和管理制度，促进地方本科院校教育的可持续发展。

地方本科院校教育国际化的交流化特征具体是指在高等教育对外开放的基础上，地方高等院校与国外高等院校在讲授、学习、研究、服务和管理等方面进行平等的国际交流和合作，做到互相学习、取长补短、共同提高。

（三）地方本科院校教育国际化的通用化特征

通用化是地方本科院校高等教育发展规律的客观要求。地方本科院校教育的国际化就是按照国际普遍认同并接受的高等教育惯例，达到高等教育的国际认可标准，以通用性的高等教育标准发展地方本科院校教育，既要使本土高等教育走到国际上去，又要把国际通用的高等教育引到本土来。随着经济全球化的发展和各国高等教育的深入交流，区域性、全球性的高等教育合作计划与组织得以形成，某些课程、文凭和学位以及办学质量保证体系趋于全球标准化与统一化。

所谓地方本科院校教育国际化的通用化特征，是指本土文化被别的国家与民族所承认、接受并得到相当的评价。一个国家高等教育的学术水平在国际上获得相当的评价，就意味着该国高等教育在教学和科研的机能与制度是为国际所普遍承认的，是为外国学者和留学生所接受的，在国际高等教育界具有一定的通用性。地方本科院校教育国际化的通用化特征，也指努力克服地方本科院校教育中存在的种种弊端，使地方本科院校教育不再受传统高等教育观念和机制的束缚，尽快达到国际社会公认的通用水平，提高地方本科院校教育在世界范围内的国际竞争力，扩大地方本科院校教育的国际影响力，以便进一步走向世界。

通用化是地方本科院校教育国际化的发展目标和结果。随着地方本科院校教育国际化水平的提高，地方本科院校教育在讲授、学习、研究、服务和管理等方面越来越与国际高等教育的观念、体制、模式、结构趋于一体化，具体是指地方本科院校的教育能为其他国家的高等教育所承认和接受，包括学科和专业的设置互通，课程计划、教学标准及学历、学分互认，服务和管理标准相互承认。

（四）地方本科院校教育国际化的民族化特征

民族化是保持地方本科院校教育国家特色的体现，也是国家高等教育体系个性化的要求和高等学校的办学基础。地方本科院校教育国际化意味着跨国界高等教育活动的增加，但并不是要改变各国高等教育体制，而是要在保持各国高等教育体制的前提下增加国际化的高等教育活动。

地方本科院校教育国际化是通过高等教育推进国际文化与教育的交流，具有一体化的倾向，但地方本科院校教育国际化并不是要地方本科院校教育丧失民族特色和个性，不应被看成一种知识的全球化，国际化的地方本科院校教育应保持民族化的特色。文明是精确的、国家特有的文化混合体，大学主要的功能之一是保持本国特有的文化，并促使它与其他文化进行有益的碰撞。第一，从高等教育的外部关系来看，高等教育可能受到一定社会的政治、经济、文化的制约并为其服务。每个国家都要求高等教育代表和维护国家及民族利益、文化传统乃至价值观，绝不允许高等教育丧失民族性。第二，世界上从来就不存在单一的、放之四海而皆准的高等教育范式，照抄照搬他国高等教育模式注定会以失败而告终。第三，民族化既是高等教育国际化的前提，又是其归宿，高等教育国际化的过程伴随着民族化，越是民族化的高等教育越具有世界性。第四，高等教育国际化可促进世界高等教育多样化，而非单一化，多样化的高等教育为高等教育国际化的民族化、个性化提供了广阔的空间。

地方本科院校教育的国际化不等于高等教育的一体化、统一化、趋同化，更不能简单地等同于西方化。民族化、本土化是国际化存在并得以发展的基础。只有根植本土民族文化的高等教育才能在国际化的环境中吸纳适合自身的营养成分。也就是说，国际化的过程也是本土化的过程。高等教育国际化一方面要保持本土民族的特色，使本土化最终成为国际化的一部分；另一方面要把国际化的合理部分有机地纳入本土社会，使国际化的合理部分最终成为本土的一部分。

地方本科院校教育国际化的民族化特征表明高等教育的发展要保持高等教育国家的独特性与民族特色，避免受到“文化殖民主义”和“文化霸权主义”的影响。在地方本科院校教育国际化的过程中，我们要不断谋求高等教育的制度创新，使地方本科院校教育具有民族特色，不断创造新知识、新技术、新文化，具体是指高等教育在讲授、学习、研究、服务和管理等方面具有民族特色。地方本科院校教育越具有民族特色，越具有生命力和发展潜力。

（五）地方本科院校教育国际化的融合化特征

地方本科院校教育国际化既是本国高等教育的办学理念、办学模式和教育制度向别的国家输出的过程，也是吸收、借鉴他国先进的办学经验的过程。各国的高等院校通过学习、借鉴、合作与交流，使世界上先进的办学理念、办学模式和教育制度逐步融合。

地方本科院校教育国际化的融合化特征表现在以下三个方面：一是各国高等教育相互学习、吸收和借鉴，使世界上先进的教育制度和模式成为国际高等教育共同的发展趋势。二是在使用世界先进的教育制度和模式时要与本国历史文化、民族特点及具体的国情相融合。由于历史、文化和经济发展程度不同，各国对同一高等教育制度和模式的实施会有差别，在实施过程中，应与本土实际相结合，这样才能达到最终的目的。三是一个国家的高等教育要与国际高等教育发展的潮流融合，与国际高等教育接轨，成为国际高等教育大家庭中的一员。一个国家的高等教育离不开世界，也不能偏离世界文明的大道，世界更不能拒绝这些国家和民族的高等教育。

（六）地方本科院校教育国际化的竞争化特征

竞争化是地方本科院校教育在国际化进程中的本质特征之一。高等教育既是国际经济竞争的重要战略领域，也是国际人才竞争的重要战略领域。地方本科院校教育的国际化意味着高等教育在国际层面的竞争很激烈，地方本科院校教育的质量和国际地位决定着高等学校乃至国家的竞争力。

地方本科院校教育国际化就是要在经济全球化、贸易自由化的大背景下，充分利用国内和国际两个教育市场，优化配置本国的教育资源和要素，发挥本国高等教育的优势，同时抢占世界高等教育的制高点，争夺国际优质教育资源，吸收优秀教师和留学生。地方本科院校在教育内容、教育方法上要适应国际交往和发展的需要，培养具有国际意识、国际交往能力和国际竞争力的高素质人才，为本国与当地服务。地方本科院校教育国际化需要更多的国际合作，这意味着地方本科院校教育国际竞争更加激烈，因此，机械地搬用别国的高等教育经验，只会以失败而告终。只有个性化的高等教育、高质量的地方本科院校教育，才能创造出新的办学经验，才能使地方本科院校教育具有国际竞争力。地方本科院校教育国际化的竞争化特征要求地方本科院校教育重新审视自己的定位，不仅要以向本地区的学生提供教育服务为使命，还要主动参与国际范围的高等教育竞争，获得国际高等教育资源，使高等教育在讲授、学习、研究、服务和管理等方面具有国际竞争力。

第三节　地方本科院校教育国际化的发展趋势

一、从精英化到大众化

美国学者马丁·特罗（Martin Trow）在20世纪70年代以高等教育毛入学率（高等教育在校生数与适龄人口之比）为指标，探讨了数量增长与性质变化间的关系，并将高等教育的发展历史分为精英、大众和普及三个阶段。按照他的理论，高等教育毛入学率在15%以下为高等教育的精英阶段，高等教育毛入学率在15%～50%为高等教育的大众化阶段，高等教育毛入学率在50%以上为高等教育的普及化阶段。1945年以后，很多发达国家的高等教育体系发生了重大转变。为了保障战后的经济发展，各国对高素质劳动力的需求增大，而来自中、低收入家庭的学生为了提升自己的社会地位，也积极接受高等教育。于是，此时期的高等教育毛入学率有了很大提高。在欧洲，精英教育被大众教育所取代。在第二次世界大战结束后的几年内，只有不到5%的适龄青年进入大学。到了20世纪60年代，许多欧洲国家的高等院校招收了15%甚至更多的适龄青年，如1970年，瑞典高等教育毛入学率为24%，法国高等教育毛入学率为17%。到了20世纪90年代，大多数欧洲国家的高等教育毛入学率达到了30%以上。以西欧为例，在20世纪的最后25年里，接受高等教育的人数翻了一番，到2000年，接受高等教育的人数达到了1600万。其中，匈牙利的大学生人数增加得最快，与1975—1976年匈牙利大学生人数相比，1999—2000年匈牙利的大学生人数增加了3倍；希腊、西班牙、爱尔兰、芬兰和冰岛也都至少增加了2倍。而同时期的美国，在大众教育之后出现了普及教育，美国的高等教育毛入学率提高到了50%左右，接近普及化入学水平。[①]

许多新兴国家的高等教育体系也迅速发展。在规模极小和精英化的大学的基础上，发展中国家的大学生人数在1945年伊始迅速扩充。在印度，在校生由1947年的10万人增加到1990年的400多万人。而中国可以说是高等教育发展最快的国家，1978年的毛入学率仅为1.6%，而2008年的毛入学率达到了23.3%。[②] 如今，中国已超过美国，成为世界上高等教育规模最大的国

① 王哲．高等教育国际化问题研究[M]．大连：东北财经大学出版社，2013：35-36.

② 王哲．高等教育国际化问题研究[M]．大连：东北财经大学出版社，2013：35-36.

家，这也进一步为地方本科院校教育国际化的发展由精英化走向大众化奠定了基础。

地方本科院校教育从精英化到大众化的转变使社会对高等教育的需求日益增大，这也使传统的高等教育体系在过去的几十年中面临着巨大的压力。王哲在论述高等教育国际化问题时借用了伯顿·克拉克（Burton R. Clark）的观点，即高等教育的需求主要体现在以下三个方面：第一，劳动力市场有越来越多的职位需要大学文凭；第二，年轻人渴望通过接受高等教育来提升自己的社会地位；第三，政府以及其他利益相关者需要传统的高等教育提高效率，在减少投入的情况下有更好的产出。① 其中，第一个和第二个需求都与个人有关。当今社会对人们的技能和教育背景的要求越来越高，为了与最新的技术保持同步，以便在劳动力市场上拥有竞争力，越来越多的人希望通过深造来提高或改变自己的学历。第三个需求则与下列趋势有一定关系：近年来，发达国家如西欧，出现了人口老龄化和人口减少的现象，政府开支不得不转移到医疗和养老金等给老年人提供服务的领域。因此，高等学校面临着两大挑战：一是学校的预算减少；二是在此情况下，需要提高效率。

尽管近年来很多国家采取了积极的政策，地方本科院校入学率有了大幅度的提高，但这并没有均等地惠及社会的各个层面。此外，财富和资源分配不均也使某些群体处于劣势，农村或偏远地区的地方本科院校入学率往往低于全国平均水平。在这种背景下，越来越灵活且多样化的地方本科院校教育提供方式出现了。

二、高等教育多元化

（一）地方高等教育的需求多元化

随着地方本科院校入学率的提高以及对人们技能的要求不断改变，学生群体的组成出现了新特点，那就是越来越多的人回来接受终身教育，其中有很多是上了年纪、有家庭并有全职工作的人，他们一边学习一边赚钱。这种现象的出现是因为经济全球化给人们带来机遇的同时，也带来了挑战，于是在世界的很多地方，终身学习成为一种必然趋势。

此外，很多学生通过虚拟教育来攻读大学课程。正是信息和通信技术的发展，为这些非常规的学生提供了上大学的机会，远程教育成为扩大高等教育

① 王哲．高等教育国际化问题研究 [M]. 大连：东北财经大学出版社，2013：35-36.

规模和教授课程的重要渠道。在过去的10多年里，信息和通信技术被广泛地应用到高等教育领域，包括数据库、电子邮件、网站、网络社交工具（如聊天室、BBS和讨论版）、博客、网上视频、短信等。尤其是在那些发达国家，信息和通信技术在高等教育领域的应用很普遍，信息和通信技术已成为大学基础设施的基本组成部分。大学网站让学校冲破了地域限制，任何人在任何地方、任何时候都可以访问。电子邮件、短信、在线社交平台这些信息和通信技术资源给学术合作、个人和工作交往提供了平台。不断普及的无线网络和能远程访问的图书馆数据库改变了在大学校园工作和学习的观念。多媒体教室的创建不仅丰富了教学资源，还使获取信息和思想的路径多样化。“开放教育资源（OER）运动”是美国麻省理工学院在2001年首次倡导的，它最早使用了公开课件。从那时起，公开教育资源的利用和发展取得了非常大的成就。这也让发展中国家的高等教育获得了显著发展，同时促进了地方本科院校的进一步发展。新技术在地方本科院校中的应用，能让学生积极地参与到学习过程中，学得更好、记得更牢。

（二）高等教育的供给多元化

1. 私立高等教育机构

在全球范围内，私立高等教育的广度和深度都得到拓展。地方私立高等教育领域的发展程度及重要性也受到越来越多人的关注。私有化对高等教育来说，意义颇大。私立大学的资金来源及运作方式多样化。它可以完全由个人出资运作，也可以部分是公共拨款，部分是个人出资；可以是营利性机构，也可以是非营利性机构；可以对本地政府负责，也可以完全不受地方政府的管理；可以有自己的所有人或者投资人，也可以以基金会的方式运作。

尽管地区间存在差异，但私立高等教育的迅速发展是显而易见的。私立高等教育并不是性质单一的，私立高等教育机构共有以下四种类型：精英型大学、半精英型大学、吸收需求型大学和营利性大学。不过有时几种类型是重叠的。

第一，精英型大学和半精英型大学。在传统意义上，人们认为高等教育中的私立和精英有着广泛的联系，美国的高等教育体系就是有力的证据。但从全球来看，美国的高等教育体系是一个特例。美国的高等教育体系是世界上唯一一个私立高等教育占据顶层的高等教育体系。在最著名的两个全球大学排行榜上，美国有63所大学在两个排行榜上都进了前100名，其中21所是私立大学。除此之外，其他进入前100名的大学大多是欧洲大学，这些大学的性质是公立还是私立，界限很模糊。另外，还有几所日本大学也进入了前100名。① 在发达国家的高等教育体系中，仍然是公立大学占主导地位（日本和美国除外）。

第二，在半精英型大学中，私立大学所占比例要高得多，而且很多是本国较好的大学。这类大学的主要特点是优先进行有用的实际教学或培训，而且相当一部分此类院校专注于某一特定领域，尤其是商业领域。此外，大部分院校明确地以职业教育为导向。这类院校具有私有化性质，收入来自学费，进行商业化管理。此类私立高等教育机构发展很快。

第三，吸收需求型大学。尽管半精英型私立大学的发展很迅速，但是在私立高等教育领域，发展最快的还是非精英型大学。随着学生对上大学的需求超过了公立和私立大学的供给，非精英型大学应运而生，其就是来吸收需求的。此类院校一般不冠以"大学"的称号，多称为"技术学院"或"职业学院"，处于高等教育的边缘，并介于营利性和非营利性之间。

第四，营利性大学。多数营利性大学包括在非精英型大学里面。从法律上看，营利性大学只是高等教育体系中的一小部分，但在发展中国家，此类学校的发展比较迅速。另外，越来越多的营利性大学开始跨国运作。这类学校呈现出商业化的特点，并进行收费服务。这类学校大多按照商业模式来管理，权力集中在董事会和高级管理人员手中，学生被视为消费者。

2. 虚拟教育机构

虚拟教育在本质上是跨国界的、全球性的。很多虚拟联盟具有全球性，联盟成员来自世界上很多国家。虚拟教育不是教育机构跨境的唯一方式。长久以来，英国大学以加盟办学的方式给国外提供高等教育。在美国，开放大学（open university）通过开办分校和进行合伙的方式给41个国家（如巴西、希腊、俄罗斯和印度）的26万名学生提供教育服务。日本的帝京大学集团（Teikyo University Group）对美国、英国、荷兰、德国、中国香港和马来西亚的多家机构拥有所属权或者与其建立联系。美国的私立营利性大学菲尼克斯大学（University of Phoenix）把业务拓展到了巴西、印度和墨西哥。旨在创立国际私立营利性连锁大学的Sylvan学习系统公司已经在墨西哥、瑞士、智利、西班牙和美国获得了一些大学的控股权。而地方本科院校在教育国际化发展的背景下也逐渐向着虚拟教育方向发展。

① 王哲．高等教育国际化问题研究[M]. 大连：东北财经大学出版社，2013：42.

三、教育国际化的焦点：从学术流动到全面关注

学术流动即高等教育人士的跨国流动，包括学生的出国留学、教师的出国访学和学校间根据合作协议而进行的学生交换等，不但是高等教育国际化的重要内容，而且一直是世界各国高等教育国际化的关注点。在过去，学术流动和国际研究合作曾是高等教育国际化的代名词，但现在世界各国都普遍认识到，学术流动仅是高等教育国际化的一个方面，高等教育国际化是一个更为宽泛的、全面的概念。IAU 高等教育国际化任务实施小组在自己的“行动纲要”中把高等教育国际化划分为以下六个方面：一是学术流动。二是合作学习计划与合作研究。三是发展性合作，即旨在弥补发展中国家高等教育计划的差距并加强南部人力资源发展的大学间的合作。四是课程、区域研究、语言等。这是高等教育国际化基本的方面，也是容易被人们忽视的方面，可是它对丰富学生的国际知识、培养学生的技能和态度、造就国际性人才起着关键作用。五是作为收入来源的国际教育。六是国际电子通信。通信技术如电子网络作为一种支持国际化以及取代学术流动的手段，改变了大学和学院之间的合作方式。上述六个方面均得到了国际社会的关注，并在 2002 年 4 月联合国教科文组织于法国里昂举行的“高等教育国际化：政策与实践”国际大会上得到了进一步的关注与讨论。在这次大会上，与会人员分为六个小组，对六个主题进行了深入讨论。这六个主题如下：①学生与教师的国际流动；②课程的国际化：原因与方法；③国际对话：校园内的机会；④国际化的学术或商业策略；⑤国际化的障碍：态度、资源与政策；⑥支持国际化的虚拟大学与远距离教育。对“学生和教师的国际流动”进行讨论的目的是要找出这方面存在的好的做法。在“课程的国际化：原因与方法”主题讨论中，参与者指出了课程国际化形成的诸多原因，如让学生为国际职业作准备、开阔视野等，许多大学都把课程国际化作为一项重要的工作，但却不知如何促进课程国际化，该小组就促进课程国际化的策略进行了讨论。在“国际对话：校园里的机会”主题讨论中，参与者指出，今天大学校园内拥有不同文化的人越来越多，促进大学校园内不同文化间的对话不仅能够增进相互理解，还能够为某些问题的界定和解决提供高质量的方法。但是，今天大学校园内存在的不同文化间的对话活动很少能够引起学生的兴趣。因此，地方本科院校有必要实施一种广泛的文化间的对话政策，该政策包括“课程”“教学法”“学生、教师、教员间的交互作用”“大学的招聘政策”等。在“国际化的学术或商业策略”主题讨论中，该小组就提高高等教育的学术标准，如何在商业化的目的下维持高等教育较高的学术标准进行了深入的讨

论。在“国际化的障碍：态度、资源与政策”主题讨论中，参与者指出，高等教育国际化应渗透在整个高教系统中，它是一种深刻的教育改革，将对高等教育机构的教学、研究、服务与管理等产生深刻的影响。但国际化也遇到了诸多阻碍，该小组就阻碍的性质、应对政策等进行了深入的讨论。在“支持国际化的虚拟大学与远距离教育”主题讨论中，该小组就远距离教育异军突起的原因、合适的远距离教育目标、远距离教学质量的控制等进行了深入探讨。由此可见，高等教育国际化的关注点范围在扩大的同时，正逐步向纵深发展，也就是从学术流动向全面关注发展。

百年树人篇

第三章　地方本科院校国际化人才培养的理论框架

第一节　地方本科院校国际化人才培养的基本内涵

一、地方本科院校国际化人才培养认识

经济全球化和区域经济一体化的不断加强，信息技术和网络社会的兴起，都对高等教育国际化提出了全新的要求。《国家中长期教育改革和发展规划纲要（2010—2020年）》明确指出，高等教育应“适应国家经济社会对外开放的要求，培养大批具有国际视野、通晓国际规则、能够参与国际事务和国际竞争的国际性人才”，要“加强国际理解教育，推动跨文化交流，增进学生对不同国家、不同文化的认识和理解”，要“适应国家和区域经济社会发展需要，建立动态调整机制，不断优化高等教育结构”。也就是说，高等教育需要促进经济社会发展，经济社会发展也不断地对高等教育提出新的要求。在经济全球化背景下，社会产业结构的优化需要更多的国际化人才，因此高等教育人才培养朝着国际化人才培养的方向迈进，并发生了相应的转变。

随着经济全球化带动科技迅猛发展，国际化人才培养已成为地方本科院校人才培养的重中之重。国际化人才培养需要人才培养理念、人才培养环境、人才培养方式和人才交流与合作适应国际化发展趋势。教育主管部门、高校管理者乃至普通教师都应具备国际化教育理念，这是国际化人才培养的前提；国际化人才培养环境要求高校选用国际化先进教材，引进国际化优质教育资源，创造国际化办学条件，提供国际化学术交流合作平台；国际化人才培养方式要求高校不断改变传统的人才培养方式，将其转化为促进学生思考和参与的互动

式培养方式。[①] 除此之外，国际化人才培养还应该积极搭建国际化交流与合作平台，不断促进师生参与国际交流与合作。

二、地方本科院校国际化人才培养动因

（一）外部动因

区域经济社会发展对人才质量的高要求是地方本科院校国际化人才培养的外部动因。潘懋元指出“教育必须与社会发展相适应”“教育必须受一定社会的经济、政治、文化所制约，并为一定社会的经济、政治、文化的发展服务”[②]。经济社会的发展既为教育的发展提供了基础性条件，又对教育不断提出新的要求，成为推动教育发展的动力。

经济发展的区域化可能会导致人才培养的区域化。从世界发展的历史来看，要想让地方本科院校教育发展与经济社会建立互动机制，就应走区域化和地方化发展道路。例如，美国从 19 世纪的州立大学到 20 世纪的社区学院，其办学主体、财政支持、教师和学生的来源等都带有强烈的地方主义色彩，这些高校为该时期地方产业的发展作出重大贡献。英国在 19 世纪下半叶，以各地的工业资本家阶层为主，相继设立新大学，目的是培养工业技术人员等近代职业人才，服务地方经济。法国在 20 世纪 60 年代开始重视高等教育的区域化，规定大学要向社区开放，积极参与地方的经济和社会发展，同时各大学之间应建立跨学科的、与区域经济发展有关的教学和科研机构。区域经济的发展水平越高，对地方本科院校教育的需求也就越高。生产发展对教育的需求不仅表现在量的增加上，还表现在对教育结构、培养目标、教育内容、教育方法、教育途径等一系列内部系统加以改造的要求上。

（二）内部动因

从历史发展过程来看，国际交流很早就存在。高等教育国际化是第二次世界大战后出现的通过国际交流、研讨和协作，以解决教育共同问题的一种发展趋势。从知识的普遍性来看，教育本身应对外开放，加强国际交流。高等教育产生和发展的基本动力是满足探索真理和发展知识的需要。探索真理是一项没有国界的事业。周琼在论述地方高校区域性国际化人才培养模式时借用了乌

① 张伟．新时代地方高校教育国际化论纲 [M]. 长春：长春出版社，2021：34.

② 潘懋元．教育的基本规律及其相互关系 [J]．高等教育研究，1988（3）：6-12.

尔里希·泰希勒（Ulrich Teichler）的观点，即大学是现代社会真正的国际性机构，其本质是国际性的。[①] 高等学校处于知识的国际性和本国特有的结构、组织和培养制度两者的张力之中。促使教育国际化已经不再是少数顶级大学的事情。那种国际化的顶级大学在上、国内大学居中、底层是地区性低水平大学的格局已经不复存在。所有的大学都应该是国际化的。高等教育国际化发展的趋势使我们在制定教育的发展战略时，要把本国的地方本科院校教育置于世界的大背景之中，不断吸收和借鉴世界上先进的科学技术知识和成功的高等教育经验，以提高人才培养的质量和我国地方本科院校教育在国际上的竞争力。

（三）本质动因

地方本科院校自身发展的需要是地方本科院校国际化人才培养的本质动因。地方本科院校是我国高等教育体系的重要组成部分，但地方本科院校在发展过程中，由于受到区域经济与社会发展程度的制约，其师资力量、设备条件、经费支持、生源质量不能与重点大学相比。经济全球化和高等教育国际化的大趋势，对地方本科院校来说，既是机遇，又是挑战。全球化推动了各种资源（如人才资源、信息资源、资本资源、物质资源等）跨国流动，高等教育国际化的发展使得发达国家的优质教育资源在全球范围内实现交流与共享。这些都为地方本科院校构建了一个广阔的发展空间，使得地方本科院校有更多的条件和机会进行人才、课程、管理等方面的国际交流与合作，从而缓解因政策倾向、体制投入等造成的与重点大学的竞争差距。[②] 地方本科院校想要在高校激烈的竞争中获得一席之地，除进一步强化办学特色、保证自己的核心优势，还应打破传统、封闭的教育体系，走开放办学之路，只有这样才能及时获取信息，不断优化教育质量，提高本校的办学水平和办学声誉。因此，地方本科院校培养区域性国际化人才不仅是适应区域经济发展的需要，还是地方本科院校自身发展的要求。

---

① 周琼.地方高校区域性国际化人才培养模式研究：以广西为例 [D]. 南宁：广西大学，2011.

② 王家庆，李松，邵玉.地方新建本科院校人才培养模式紧跟国际化步伐的必要性探究 [J]. 吉林省教育学院学报（中旬），2014，30（8）：33-34.

第二节 地方本科院校国际化人才培养的必要性

人才之难万冀一,一士其重九鼎轻。伴随着知识经济的发展，人才的重要性愈加凸显，逐渐成为社会进步、国家繁荣的重要驱动力。在我国企业走出国门、外资企业不断向国内扩充的同时，人才缺口已成为制约经济发展和社会进步的重要因素。面对日益加剧的国际竞争，培养国际化人才是当前社会发展的必然趋势。

一、经济全球化的必然要求

跨国公司的发展、生产要素全球范围内的分工以及信息技术和自由贸易的发展，进一步加快了经济全球化的步伐。就目前来说，经济全球化已成为经济发展的主要趋势。经济全球化时代的到来可能会引起劳动力全球化、人才国际化。在经济全球化背景下，人才是经济发展的核心要素。从现实状况来看，全球范围内的劳动力流动已经成为一种常见的现象，且在经济全球化背景下，全球范围内劳动力流动的规模以及速度是过去不曾出现过的。随着经济一体化的逐渐深入，国际分工变得更为明确，而在诸多影响要素中，人才已经成为影响经济发展的关键要素。在这样一个大环境下，人力资源发挥越来越重要的作用，其在经济发展中所占的地位日益提升，基于此，许多发达国家开始致力于培养精通生产、贸易及管理的综合型人才，不但要求大学培养精通国内经济发展规律的人才，而且要求大学开展国际贸易等相关课程，确保人才在国际以及国内均有竞争能力。在经济全球化和“一带一路”倡议背景下，各行业、各公司部门均需要善于沟通、专业技能强的高素质综合型人才。总之，地方本科院校国际化人才培养既是经济全球化的客观要求和必然趋势，也是进一步推动经济全球化的必要条件，两者相辅相成。

二、提高高层次人才国际竞争力的有效途径

从发展状况来看，人才竞争已经开始在全球不同国家之间展开。国际化人才是促进世界经济与社会发展的核心力量。我国正处于经济转型的关键时期，应当集中精力发展高等教育，不断汲取其他国家优秀成果，为培养国际化人才奠定基础。

我国高层次人才大部分都有留学的经历。据统计，留学回国人员在许多重要岗位占有很大比例：教育部直属高校校长占 77.61%，两院院士占 80.49%，国家重点实验室和教学研究基地主任占 71.65%，长江学者占 94%，国家 863 计划首席科学家占 72%。这些留学归国人员中有 939 人曾获得国家级表彰。[①] 中国高等院校毕业生人数很多，但据报告《应对中国隐现的人才短缺》可知，只有约 10% 的毕业生有能力到外企工作。在逐渐与国际接轨的背景下，国际化人才的缺口正不断加大，我国地方本科院校在培养具有国际化能力的人才方面依然有很长的一段路需要探索。

从历史发展角度分析，受经济全球化影响，无论是发达国家还是发展中国家，都已经对高层次人才对国家综合竞争力所产生的影响形成一定认知，同时将人才资源纳入战略资源管理范畴。不可否认，一个国家只有在人才培养时带有显著的国际化发展特征，才能进行全球化教育理念建设，提供多样性人才培养渠道，使自身所具备的国际化水平得到提高。对此，我国应保持良好的发展环境，使培养的复合型人才具有全球战略意识，进而缓解我国所存在的人才紧缺的压力，为提高我国的国际竞争力打下坚实基础。

三、增强地方本科院校国际竞争力的必然选择

从历史与现实角度分析，尤其在借鉴发达国家所累积的高等教育经验基础上，我们不难发现，如果国家拥有大批量的国际化人才，就会使自身的利益最大化需求得到满足，同时将在国际竞争中始终占据优势地位。地方本科院校如果能够为社会不断输送国际化人才，就有助于相关战略发展目标的最终实现。在整个过程中，这两方面因素相互影响、相互作用。

培养国际化人才的能力往往是评估高等院校是否具备国际竞争力及社会贡献度的重要参考依据，也是能否成为国际一流大学的基本要求。也就是说，地方本科院校是否具备较强的国际竞争力，主要取决于其是否能够大批量地培养高素质人才。在进入经济社会发展阶段后，国际化人才培养直接影响到大学生能否不断进行自我完善，包括能否在激烈的国际竞争环境中处于优势地位。因此，各国的研究型大学都把培养国际化人才作为提升本校国际竞争力、争创世界一流大学的重要手段和途径。

---

① 李阳，于晓红，井丽巍．吉林省高校创新型国际化人才培养本土化模式研究 [M]. 北京：社会科学文献出版社，2019：3.

四、实现高等教育强国战略目标的重要举措

高等教育强国主要是指高等院校通过开展高等教育等类型活动，不断进行高素质人才培养，同时提供较好的科技与社会服务，使人才具备独立解决问题的能力，从而强国。从目前发展状况来看，我国应结合自身基本国情，完成中国特色社会主义制度建设任务，积极应对全球化竞争活动。在整个过程中，我们应走科技强国发展道路，利用高等教育优势培养大批量的国际化高素质人才。

从实际发展状况来看，高等院校始终与国家保持紧密联系，尤其在进入经济全球化发展阶段，科学技术水平有了显著提升，高等院校承担了实现民族复兴的重要责任。现阶段，我国高等教育发展速度相对较快，高等教育也在社会中心体系中占据重要地位，国家对高等院校寄予较高期望，高等院校已经成为国家发展及强大的重要因素。为了确保人力资源强国发展目标能够最终实现，我国应确保自身的综合竞争力得到提升，实现人力资源强国战略目标，使自身所具备的综合竞争力和国家发展水平再上一个新的台阶，同时为实现中华民族伟大复兴的中国梦打下坚实的人才基础。①

从历史发展结果来看，世界政治经济中心与世界科技文化中心是一致的。我国要以两个中心为基础，依靠研究型高等院校进行高素质及国际型人才培养。从本质角度分析，所谓高等教育强国，即要求高等院校以国际化标准为核心，开展研究型大学建设活动，为高素质复合型人才培养创造基础条件，为国家社会发展及科技文化繁荣打下坚实基础，同时为实现国家强盛发展目标做好充分准备。而研究型高等院校在国际化人才培养过程中应充分强调维护国家政治、经济利益，确保相关世界经济目标能够最终实现。

五、地方本科院校加快国际化发展步伐的需要

《国家中长期教育改革和发展规划纲要（2010—2020 年）》中明确了教育国际化合作的目标及要求。中共中央办公厅、国务院办公厅于 2016 年 4 月印发的《关于做好新时期教育对外开放工作的若干意见》也要求："坚持扩大开放，做强中国教育，推进人文交流，不断提升我国教育质量、国家软实力和国际影响力。"随着经济全球化和社会信息化的不断发展，国际化已成为当前我

① 叶映芳，郑斯媛．高等教育国际化背景下新建本科院校人才培养模式的研究 [J]. 北京城市学院学报，2013（6）：1-5.

国高等教育发展的必然趋势。而国际化人才培养是高校应承担的时代使命，也是高等教育的内在发展规律和外在竞争需求。

地方本科院校是培养高端人才的主要阵地，应将培养国际化人才视为教育教学工作中的重要一环。地方本科院校是高等教育体系的重要组成部分，其国际化人才培养既要面向世界，也要符合自身发展规律，形成凸显本校办学特色的国际化人才培养路径，这样才能加快其国际化发展步伐，顺应高等教育国际化的发展潮流。

第三节　地方本科院校国际化人才培养的目标体系

一、地方本科院校培养目标维度划分的依据

（一）地方本科院校职能定位

一般来说，高校主要分为三类：教学型大学，目标是为社会培养服务性人才；研究型大学，目标是为社会培养各方面的领导人才或学术人才；教学研究型大学，目标是为社会培养具有广泛适应性的人才。马聪在论述高等教育国际化人才培养目标时借用了肯特州立大学常务副校长罗伯特·弗兰克（Robert G. Frank）的观点，即大学主要有三个职能：创造知识，增加人类知识总量；培养下一代；为本国社区服务。这三个职能之间常常有相互重叠部分。[①]

现阶段，我国地方本科院校秉承教学与科研并重的传统，立足中国基本国情，树立培养国际化人才的意识，努力创造知识；在丰富人类知识总量的同时，为地方、国家乃至世界的发展服务。

（二）地方本科院校人才培养目标的基本类型

按照不同的标准，可以将高等学校人才培养目标划分为不同的类型。

按照高等学校的教育价值标准来划分，可划分为个人本位价值观、社会本位价值观。个人本位价值观侧重发展个人知识能力。高等学校人才培养目标是实现个人知识量的增长与知识质的变化，形成个人完整的知识结构，培养个

① 马聪. 高等教育国际化人才培养目标研究：上海外国语大学国际型人才通用素质能力指标体系建构 [D]. 上海：上海外国语大学，2010.

人的学习、研究和实践能力，进行自由教育、人文教育和普通教育，促进个人文明素养的提高，改变个人的社会地位。社会本位价值观则反映了高等学校人才培养目标客体与社会需要主体之间的关系，侧重为社会培养各种专门人才，促进社会和国家的发展。

按照高等学校人才培养的知识掌握程度标准来划分，可划分为专才（学术型人才与应用型人才）与通才（通识型人才与复合型人才）。培养专门人才的教育称为专才教育，其侧重于系统传授学科的专门知识和技能；培养通识型人才的教育称为通才教育，其侧重于培养具有高尚情操、高级思维能力，能够实现自我发展和自我激励的学生。

按照高等学校人才培养的社会价值追求取向标准来划分，可划分为追求教育平等型与追求教育效率型。

地方本科院校应将“高等学校的教育价值标准”作为划分维度，在高等教育培养目标体系中将“个人本位发展（高等学校促进个人发展的价值）”和“社会本位发展（社会主体对高等教育客体的需求）”两个方向作为一级指标，将“知识、技能、情感、态度、价值观”和“职业能力、职业道德与规范”作为“个人本位发展”和“社会本位发展”的二级指标。

二、国际化人才通用素质能力指标体系构建的流程

根据研究计划和研究实施进程形成的国际化人才通用素质能力指标体系构建流程如图 3–1 所示。

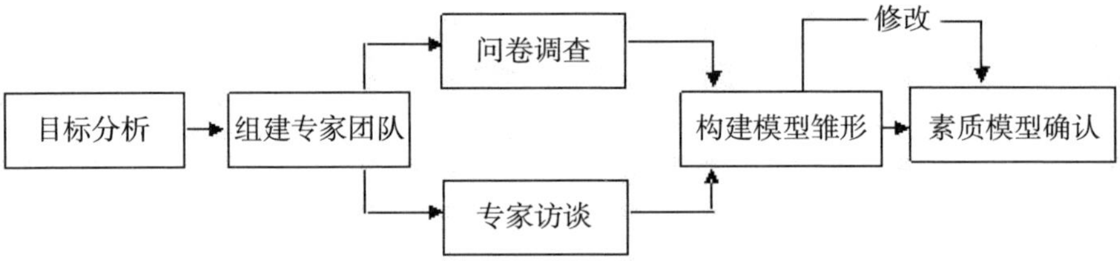

图 3–1　国际化人才通用素质能力指标体系构建流程

目标分析：通过国际化人才通用素质能力指标体系的构建制定高等教育国际化人才培养目标。

组建专家团队：选择该研究课题项目负责人、高等教育政府部门领导、高等教育理论专家、知名企业人力资源专家四类人作为专家。

问卷调查、专家访谈：经过大量的文献研究、为期一个月的问卷调查和一个半月的专家访谈及反馈，归纳国际化人才通用素质能力及培养的内容。

构建模型雏形：按照一定维度，构建国际化人才通用素质能力指标体系。

素质模型确认：将国际化人才通用素质能力指标体系反馈给相关专家，根据他们的意见进行修改，再反馈给专家，直至此指标体系得到确认。

三、地方本科院校国际化人才培养目标体系的研究成果

本部分以上海某外国语学院为例。上海某外国语学院目前开设了英语学院、新闻传播学院、国际金融贸易学院、国际教育学院、法学院、俄语系、德语系、法语系、西方语系、东方语学院、日本文化经济学院、国际工商管理学院等 12 个院系。

每个院系及专业根据学科特点独立制定培养目标，如国际经济与贸易专业本科生的培养目标如下：能熟练掌握英语，掌握国际经济、国际贸易的基本理论，具备国际贸易方面的基本知识与基本技能，能在涉外经济贸易部门、外资企业及政府机构从事实际业务、管理、调研和宣传策划工作。

可以看出，该校本科生各专业培养目标基本涵盖了本专业学生所需掌握的知识、技能要求，但是较少涉及对学生情感、态度、价值观（如国际视野、全球意识、系统观思维、创新精神）等方面的要求，对于培养学生国际化素质能力的要求不够清晰明确。另外，专业课程的开设是否建立在系统化课程思想基础之上，还有待商榷。

由此得出，上海某外国语学院国际化人才培养目标是，在高等教育国际化进程中，致力于为国家和民族培养兼具本土情怀和国际视野，具有创新精神、外语特长、实践能力和跨文化沟通理解能力，能利用广博的通用知识和扎实的专业技能在涉外或国际事务活动中发挥重要作用的高端国际化人才。详细地说，在高等教育培养目标分类等理论的基础之上，培养国际化人才应该确定以下素质能力标准（详细内容如表 3–1 和表 3–2 所示，其中打“√”项为地方本科院校在培养国际化人才过程中需要重点关注之处）。

表3-1　高等教育国际化人才培养目标体系总表

<table>
<tr><th>人才培养目标</th><th>一级培养指标</th><th colspan="2">二级培养指标</th><th>备　注</th></tr>
<tr><td rowspan="4">上海某外国语学院国际化人才培养目标概述：在高等教育国际化进程中，致力于为国家和民族培养兼具本土情怀和国际视野，具有创新精神、外语特长、实践能力和跨文化沟通理解能力，能利用广博的通用知识和扎实的专业技能在涉外或国际事务活动中发挥重要作用的高端国际化人才</td><td rowspan="2">个人本位发展：实现个人知识量的增长与知识质的变化，从而形成完整的知识结构，促进个人智慧与文明素养的养成</td><td>知识、技能</td><td>国际语言沟通能力、本土文化、专业知识技能、跨文化交往能力、国际规则与惯例、信息技术能力、专业国际资格认证</td><td rowspan="4">由于各级指标划分维度没有严格界限，建议校方系统化地参考具体素质能力指标；各指标权重可根据校方具体情况制定和调整</td></tr>
<tr><td>情感、态度、价值观</td><td>国际视野和全球意识（系统观）、创新思维能力、身心素质</td></tr>
<tr><td rowspan="2">社会本位发展：从社会发展需要的角度定位高等学校人才培养目标，从而促进国家和社会的发展</td><td>职业能力</td><td>团队合作能力、学习能力、分析判断能力、决策能力、问题解决能力、沟通影响力、应变能力、开拓能力、结构化的思维能力、领导力、自我管理和驱动能力、洞察力、自信心</td></tr>
<tr><td>职业道德与规范</td><td>诚信正直、充满工作热情、员工适应能力</td></tr>
</table>

表 3-2　上海某外国语学院国际化人才通用素质能力指标

素质能力	三级指标（主要观测点）	备　注
√ 国际语言沟通能力	至少拥有一门国际通用语言（如英语）优秀的听、说、读、写、译能力，能够畅达地与国际人士沟通；知晓沟通对象国家的大致文化与历史发展；身担特殊职务时（如联合国教育、科学及文化组织工作人员），具有第二外国语甚至多国语言的实际应用能力	鉴于上海某外国语学院性质及语言类教育资源的明显优势，建议其在国际化人才培养过程中，拓宽学生的知识面，提高整体素质，增加学生在国际学术会议、国际展览会（如上海世博会）上的实践机会；建议在经费预算范围内增大学生出国交流学习的比例
√ 本土文化	了解本国历史发展过程；了解本土文化传统、宗教、民俗风情等知识；掌握本土文化思想精髓，具有爱国精神，在国际及涉外事务中能积极传承、弘扬本国优秀文化	建议将我国优秀传统文化中宝贵的思想贯穿在学校德育中，为将来的发展打牢基础。建议学校在培养国际化人才时，将我国的优良传统与外国先进的思想结合起来。国际化绝不是削弱民族化和本土化，而是要在国际舞台上弘扬我国优秀文化。建议增强教师的传统文化底蕴，增加教师在国外学习、工作的机会，鼓励教师在著名外企担任相关职位，避免在教学中“纸上谈兵”
专业知识技能	夯实专业知识基础，精于专业技能，能在实践工作中学以致用；了解相关专业的知识和发展方向，拓宽知识面；了解本专业在国际上的新发展和趋势，培养学术科研能力	建议在专业课程中增加和补充国外最新的理论与成果；建议在教学过程中理论联系实际，着重培养学生的实践能力；建议学校与名企联合创办合作项目或鼓励学生实习、参与国际项目；在本科四年中留出足够的时间让学生实践，挖掘学生的专业特长，培养学生的专业兴趣，引导学生在实践中总结反思，提高其学术修养

续表

素质能力	三级指标（主要观测点）	备　注
√跨文化交往能力	通晓国际知识，如国际政治、地理、历史，熟悉相关国家文化背景和特征，关注文化差异和禁忌，能大方得体地参与国际或涉外活动；能理解并尊重异国风俗习惯、宗教信仰、思维方式、价值标准等，能与外国人和谐相处，懂得换位思考；以开放的态度理解、尊重并适应世界多元化发展的态势，必要时能在国际或涉外活动空间中进行深层次的对话、互动和沟通	建议各专业教师将当今世界发展格局背景和跨文化交往能力的核心——“尊重和理解异族文化”贯穿在日常授课中。当今世界无论是政治信仰、思想意识，还是国家体制、经济发展模式、文化体制等，都呈现出一种“多元并存，多极发展”的格局，正是由于这种多样性或差异性的存在，整个人类文化才呈现多姿多彩的局面。世界的和平与发展有赖于对不同民族文化的理解和尊重，一个人如果不能理解和尊重异国异族文化，就不能被称为国际化人才。 建议学校扩大交流生的比例，创造多国家、多民族的学习环境，引导各国学生和谐共处；加强外语教学，扩大外籍教师比例，使用外语教材，课程结构要涉及外国历史、地理、文化；教师需要具备丰富的国际生活和工作体验，能在授课过程中言传身教，注意培养学生的多元文化理解能力；在培养学生的国际交往能力时，不仅要加强外语教学，还应特别重视学生的国际理解教育，培养学生对外国风俗、礼仪和传统文化的理解和尊重，使学生能够自如地适应国际环境，从而赢得别人的尊重
国际规则与惯例	掌握相关的国际金融知识、经贸法规；通晓国际商务惯例，熟悉国际商务文化和礼仪，能得体、大方地参与国际商务活动，维护代表方利益；能熟练运用国际规则与惯例，系统性地认识和处理问题，必要时能以全球性战略眼光影响制定甚至参与制定国际规则与法案	中国加入世界贸易组织之后，更需要能够熟练掌握国际经贸规则的人才，解决国际贸易争端，维护本国贸易利益和形象，甚至参与制定“游戏规则”，以提升本国经济实力和国际影响力；建议学校在开始国际贸易、国际政治等相关学科教学的同时，引导学生关注国际经济事件；借鉴哈佛商学院的授课方式，加大案例教学的比例，引导学生参与讨论，如开设“模拟联合国法庭”处理国际经济纠纷事件

续表

素质能力	三级指标（主要观测点）	备　注
信息技术能力	能熟练使用 Office 办公软件，满足日常学习、工作沟通的需要，能利用 Job Aid（工作帮助）、EPSS（电子绩效支持系统）等支持日常工作；IT 相关专业需掌握多媒体制作、数据库、人工智能等高级计算机应用；能利用网络和多媒体设备进行远程学习，并建立终身学习的态度	鉴于上海某外国语学院的性质，建议根据学生的兴趣和发展需要，增设部分信息技术课程，重点引导学生建立终身学习的态度
√专业国际资格认证	根据专业特性，取得专业相关国际资格认证，如 WBSA（国际商务策划师）、PMP（项目管理师）、CCIM（国际注册商业投资师）、ACCP（软件设计师）、CCNP（思科认证网络专业人员）、ACCA（国际注册会计师）、CFA（特许金融分析师）、司法考试资格证等	建议学校积极引导学生进行职业规划，根据发展需要取得国际专业资格认证；重点在获得认证资格的过程中掌握相应的专业技能，提高从业竞争力；建议学校采取跨校选课的方式帮助学生在更广阔的资源环境中取得专业资格认证

续表

素质能力	三级指标（主要观测点）	备　注
√ 国际视野和全球意识（系统观）	关注国际时事，了解世界发展的历史与趋势及东西方文化的精华；明确本民族在国际社会中的地位和作用；能自尊、自爱、自强，遵循公平竞争的原则，在竞争中寻求合作；热爱和平，能为维护国际和平作出贡献；关心地球环境变化和人类科技进步发展；具备国际理解意识、相互依存意识、和平发展意识和国际正义意识；能够拥有广阔的视野，加强对不同文化的理解，养成尊重不同文化的态度；具有世界公民意识，有从全球经济、政治、科技、社会与文化等领域研究经济行为或现象的思想方法和能力；从全球经济格局出发，克服狭隘的民族主义，确立为全球服务、向全球开放的观点；能适应国际环境（政治、经济、文化、科技等）的变化，引领和创造未来	建议学校在培养学生的国际视野和全球意识时，注意引导学生理解国际视野和全球意识的核心思想。世界是一个整体，学生不仅需要了解世界历史知识、地理环境、经贸规则等，还需要养成国际态度。真正的教育是关注素质和修养的教育，它的核心就是“爱的情怀”，热爱自己、热爱国家、热爱全球，促使学生站在国际角度分析问题、解决问题。国际视野是目前高校学子比较欠缺的部分，高校要加紧培养跨国公司经营人才、国际谈判人才、驻外服务人员和国际组织人才等。建议学校增大外籍教师的比例或增加高校教师、学生的海外经历，海外经历不仅指在国外工作过，还包括在国外游学、留学过，参与过国际交换项目，对国外公司的运作形式有所了解
创新思维能力（创造力）	表现出思维的灵活性，常有理智的好奇心，具有批判精神和发散思维能力；能打破传统的思维定式，为老问题寻找新的解决思路和方法；能逐渐培养自身的创新性思维，激励引导他人创新，积极营造有利于培养创新的环境和氛围	建议学校建立培养拔尖人才的教学理念、教学模式、教学方法，如把创新精神、实践能力的培养放在首位，加强个性化、多元化、模块化教学；建议对拔尖的学生配备导师，单独安排教学计划，让学生有较多的自主学习、自主研究的时间和空间；建议学校主动与企业结合，共同培养高层次、国际化人才

续表

素质能力	三级指标（主要观测点）	备　注
身心素质	身体健康，能以良好的精神状态应对相关学习、工作；拥有健全的人格，人际关系良好；在思想和行为上表现出比较稳定的心理倾向、特征和能动性；在不违背社会规则和不影响集体利益的前提下，能够变通地处理紧急事件；具备过硬的心理素质，能够经受多元文化的冲击，坚定爱国立场，灵活冷静地应对国际事务冲突等重大事件	建议学校邀请名师多开设些心理辅导类的课程和讲座；引导学生积极向上发展；培养学生的爱国精神和全球意识；构建融洽、开放的校园文化
√团队合作能力	尊重团队其他成员的文化背景，认识到团队成员的不同特点，并作为学习知识与获取信息的机会，努力使自己融入团队，形成良好的人际关系；能将个人努力与实现团队目标结合起来，完成自己的任务，以实际工作支持团队其他成员；能根据组织的战略目标来确定团队建设的目标、规模及责任，使团队全体成员相互理解、达成共识；确保成员之间能力和知识的互补，通过有效合作促进个人的发展、提高团队的整体绩效；具有个人魅力和领导气质，鼓励其他成员共同实现目标；能在多元化组织中营造精诚合作与公平竞争的氛围	团队合作强调团队成员以合作的态度进行工作，关注团队的整体目标，而非个人利益。特别是在由不同国家、民族成员组成的团队里，更要注意尊重团队成员的文化背景、生活习惯、思维方式等。建议学校鼓励学生多参加校园活动和社会活动，锻炼其团队合作能力

续表

素质能力	三级指标（主要观测点）	备　注
√学习能力	能够随着环境、需求的变化迅速补充相关知识与技能；拥有终身学习的态度；能与他人组成合作学习型组织，坦诚对待他人的批评和关于发展需求方面的建议；能把从过去相关经历中得来的经验、教训应用于新的环境，并在行动中提高自我和组织的绩效	学习的含义是对话和互动。学习能力指长期持续地、积极地从自己和他人的成败经验中学习的能力。具体包括三方面：一是个体与客观世界进行的对话和互动，对应的是认知性实践；二是个体与他人进行的对话和互动，对应的是社会性实践；三是个体与自己的对话和互动，即反思和自省，对应的是伦理道德性实践。真正的学习是认知性实践、社会性实践和伦理道德性实践的结合。国际化人才更要明白学习的真正含义，应该具备和客观世界、他人、自己对话的能力
分析判断能力	面对复杂的环境，能迅速地发现复杂问题的本质和发展趋势，拟定系统的可行性解决方案；面对巨大的压力时，能够避免情绪化，能够冷静地作出决定；能认真判断形势，从正反两方面客观地衡量备选方案，避免个人偏见，在决定行动前能系统地比较多种信息资源；能客观地判断对组织有长期影响的因素，能较为准确地评估风险，能提出战略性预测	建议教师在教学中使用案例分析法（案例需精心设计），提高学生的分析判断能力，引导学生把握分析判断问题的原则——把对的事情做对（do the right thing right）
决策能力	能依据已有数据、知识和经验，作出对个人和组织有一定积极影响的决策并付诸实践；面对复杂、风险较高的情况，能对各种信息进行深度分析，在重要领域内迅速、果断地进行战略性决策，能较为准确地预测风险和后果	决策能力是各种综合能力的体现，包括前瞻性、全局性、果断性、正确性等内容。建议学校使用案例教学法提高学生提出问题、分析问题、解决问题、检查决策实施和直觉判断的能力；引导学生摆脱依赖心理，在项目活动中锻炼、提高自身的决策能力

续表

素质能力	三级指标（主要观测点）	备　注
√ 问题解决能力	能够解决日常生活中的工具性问题；能够用较高的情商解决人际性问题；能以系统化、创造性的思维方式，综合运用识别能力、分析能力、沟通能力、行动能力、方法技巧解决出现的复杂问题，并寻找问题发生的根本原因，总结规律，避免再一次发生同类问题	问题解决能力对于人们来说比较重要。问题的发生可能没有预警和表征。解决问题需要综合运用所掌握的知识、法规、经验，有时还需要请教他人、寻求帮助。建议学校在教学过程中系统地结合寓言、故事、游戏等，使学生通过自测找出差距，通过寓言拓宽思维，通过故事学习方法，通过游戏提高解决问题的能力
√ 沟通影响力	能以合理的论据、数据和明白无误的沟通来影响他人；能以开放、真诚的态度接收、传递信息；善于倾听，尊重他人的意见，并能够通过书面或口头的形式表述主要观点；能够较好地控制自己的情绪，敏感地体会别人情绪的变化，感知整体的气氛；沟通清晰、简洁、客观且切中要害，以取得他人的支持和认可；能够站在对方的立场思考问题，运用换位思考获得双赢的结果，能发展并保持广泛的人际网络	用人单位对个人的沟通影响力要求较为普遍，良好的个人魅力对工作的顺利进行具有很大的积极影响，是不可或缺的素质能力

续表

素质能力	三级指标（主要观测点）	备　注
√ 应变能力	在出现阻力和临时紧急情况时，能保持冷静，以较强的毅力克服障碍；能够以积极乐观的心态面对当前的问题和机遇，积极寻求解决办法并迅速采取行动；在他人没有意识到问题和机遇时，提醒个人和组织采取行动迎接即将来临的挑战和机遇；有建立预警系统的意识，并能为组织的长远发展提出前瞻性、战略性意见	建议学校重点培养学生的应变意识
开拓能力	对有一定难度的挑战性任务表现出一定的兴趣；能主动学习相关知识，为自己设定新的具有挑战性的目标，并采取具体行动来实现该目标；能保持敏感性，对常规工作流程、方法或规章制度提出改善建议或采取行动，以提高工作效率；能主动地对产品和服务提出改进建议；能够支持他人的创新行为，积极营造组织内部开拓创新的良好氛围	建议教师在教学中注意引导、鼓励学生勇于接受挑战、超越自我
√ 结构化的思维能力	善于把握事物的全局，从大方向把握问题；能够将问题进行结构化处理、分析出清晰的条理，能抓住事物的本质；能够对解决方案进行逻辑化的处理，运用具有条理性、推理性的思维解决问题	建议教师在教学中引导学生应用结构化的、逻辑性的思维方式解决问题

续表

素质能力	三级指标（主要观测点）	备　注
√领导力	能够给予团队成员清晰的发展前景和发展目标；明确其权责，使其最大限度地发挥潜能；关注其绩效并给予及时反馈；能够理解领导力的内涵，区分领导力和管理的差别，提升自身修养，激励组织达到甚至超越绩效目标；能够掌握自我领导的艺术，树立自我领导的榜样；激励团队成员实现自我领导的目标；善于推广团队成员的积极思维方式；支持团队成员的自我领导；协调众多独立的创造性力量，最终形成自我领导文化	领导力可以理解为一系列行为的组合，这些行为将会激励人们跟随领导去要去的地方，而不是简单地服从；领导力能够激励他人达到更高的绩效标准，能够促使各类项目、活动的完成。建议教师引导学生明晰领导力的内涵：领导力是一种有关前瞻与规划、沟通与协调、真诚与均衡的艺术；21 世纪的领导力不只是领导的方法和技能，也不只适用于领导者，它是每个人都应该具备的一种优雅、精妙的艺术；一个管理者未必具有领导力，不能把领导力与地位混为一谈
自我管理和驱动能力	计划并管理自己的日常工作，能对自己的工作按重要性和紧急性进行排序，确保工作效率；有意识地设定清晰、长期的目标，定期检查个人进展，根据规划作出必要改变，以确保达到绩效目标；面对不确定性，在设法控制风险的同时，能利用重要的个人与组织资源实现目标，并对工作的质量、成本和所带来的风险负责；了解工作所需的资源情况，并能够有效规划资源	自我管理和驱动能力，指能够有效管理个人工作，有效规划工作所需资源，驱使个人努力实现工作绩效目标的能力。建议教师在教学中促使学生养成自律、自我规划的习惯；激发学生的内在动机，确定未来发展方向和目标，为以后的职业发展奠定基础

续表

素质能力	三级指标（主要观测点）	备注
洞察力	具有一定的发现新兴事物、发现现有事物发展方向的能力，能敏锐、迅速、准确地抓住问题的关键部分；能以敏锐的眼光准确地观察复杂多变的事物之间的相互关系，进而从长远的角度考虑问题、认识困难、把握机遇；善于发现他人未曾注意的问题，能够抢得先机，发现新颖的、潜在的、更具价值的目标	洞察力是对个人认知、情感、行为的动机与相互关系的透彻分析，是透过现象看到本质的能力，是对分析能力、判断能力、敏锐的思维能力综合运用的能力。洞察力的培育需要方法，建议教师引导学生看清事件的本质，不被表象所迷惑；耐得住寂寞，能潜心研究复杂的事物；要有自制力，沉着冷静；在培养洞察力的过程中需注意引导学生收集有价值的资料，进行科学系统的思考，注意细节变化及事态的发展变化
√ 自信心	对自己充满信心；能够自信地阐明自己的主张，在各种冲突和矛盾中坚持自己的立场，在言语和行动中都表现得很自信；必要时能够突破传统和标准，能够挑战有风险的工作；能够建设性地挑战决策和战略并提出独立的观点	自信是一种对自己拥有有效解决问题的能力的自我信仰。建议教师在教学中有意识地鼓励学生勇敢地展现自己，培养学生乐观自信的态度
√ 诚信正直	能够遵守规范和制度，明确自身的行为标准和处事原则，制止他人的不道德行为；能以诚实的态度对待他人，信守承诺；公正无私，坦率真实；在面临风险或压力的情况下，能够坚持以集体利益为先	国际化人才应具有做人的基本品质，包括诚实守信、爱国情感和法纪意识等。职业道德与诚信人格是本土人才国际化过程中急需充实的要素。建议在智育、体育、美育中加强德育实践活动，培养学生诚信正直的品质，树立正确的世界观、人生观和价值观，抵制不道德思想和行为，为将来良好的职业道德品质的养成打下牢固的基础

续表

素质能力	三级指标（主要观测点）	备　注
充满工作热情	积极地对待工作成果，积极地落实行动，能够主动地把握机遇，寻找更好的解决方案；在遇到挫折和压力时，能够坚持到底，怀着积极的心态，多方面地寻找解决措施，勇于承担适度的风险，挑战和超越自我	充满工作热情的人会积极、执着地为改善个人和组织绩效而努力，即使要承担适度的风险，也会主动去做
√ 员工适应能力	问题解决适应能力——善于控制自己的情绪，客观地面对问题，采取灵活多变的措施解决问题；能积极地获取所需的资源。个人学习适应能力——具有很强的知识寻求热情和学习原动力，勇于打破自身的心智模式；具有很强的前瞻性学习能力，基于变革及时储备相关知识和技能。人际文化适应能力——善于倾听多方意见，及时调整工作思路和方法；关注各方对自己行为的反馈，能以开放的心态接受他人的批评和建议；能和拥有不同背景、个性、价值观的成员协作共事，认同和适应企业文化。压力管理适应能力——在面临困境时，能积极地寻求解决问题的各方面资源，冷静分析问题的关键所在，提出建设性建议，保持良好的心态	建议学校针对在校学生开设就业指导类课程（最好能请在职的人力资源专家开设讲座），引导学生积累向职业人士转变所需的基本素质，帮助学生顺利完成角色转换

第四节　地方本科院校国际化人才培养的趋势分析

一、人才培养目标明确

全球范围内的各行业对人才的要求逐渐向着同一方向靠拢。良好的跨国沟通能力，较强的学习能力、创新能力，较为敏锐的市场把控能力，以及国际化运作水平等，已经成为国际上判定高素质人才的通用标准。在这种环境下，地方本科院校应以国际市场人才需求以及人才要求为基础，制订人才培养计划，开阔国际视野，增强创新意识，鼓励学生敢于面对挑战、打破常规，创造性地开展工作，培养一批视野开阔、认识深刻、实践能力强，精通国际行业规则，具有国际化视野和较强专业水平的高素质综合型人才。

二、教学内容科学合理

新形势下，科学发展日趋综合性、整体性，这使单一知识结构人才面临巨大的压力。着眼于国际化人才需求的变化趋势，为培养适应时代要求、具有探索精神的复合型人才，地方本科院校坚持科学和人文相结合、专业知识与通识教育相渗透的思路，不断调整和优化学科建设以及课程体系，力争保持教学内容的先进性及科学性。

在加入通识课程的基础上，学校也应开设跨学科、跨文化的综合课程，围绕学生学习和发展的阶段性特征，对每个学年的课程数量与类型进行规划设计，对教学内容进行合理分配，使选修课程与必修课程形成互补，帮助学生建构完备的专业知识体系，促进学生成长。

三、教育资源共享

随着国际合作交流日益加强，学校要充分整合并利用本国高校教育资源和国外高校教育资源，建立健全信息网络系统，充分发挥新媒体平台的优势，进一步加强国内外高校优质教育教学资源的共享，以期达到国际化的培养目标；随着国际合作办学不断发展，学校要联合培养具有国际视野的应用型人才；国际学术交流越来越普遍，双边和多边合作交流模式将不断创新和发展。

四、教学方式现代化

发达国家正在逐步改变传统的教学方式，从以知识为中心的教学方式逐步向培养学生能力的教学方式倾斜。而我国部分地方本科院校仍采用传统的“填鸭式”教学方式。培养国际化人才，必然要采用现代化课堂教学方式。传统的教学方式课堂组织自由，可行性强，但教学手段单一，以书本知识为主，学生学习的主观能动性较差。现代化教学方式需要整合现有的课程体系，提倡讨论式、启发式、案例式等教学方法。

现代化教学方式能够充分调动和发挥学生的学习积极性，鼓励学生自主思考、独立分析和解决问题，要求学生在课前主动预习、查阅相关资料、撰写论文或者 PPT 并在课堂上展示。地方本科院校可将这些方法引入课堂，开展能动性教学活动，引导学生结合案例或热点进行主题发言，培养学生的判断能力、分析能力和沟通能力。此外，为了进一步适应日趋激烈的国际竞争环境，地方本科院校还要充分发挥第二课堂、第三课堂的作用，使学生获得扎实的专业基础知识和良好的逻辑分析能力。

五、人才培养评价体系多元并存

建立并完善适合国情的创新型国际化人才培养评价体系，有助于积极发挥高等教育的国际交流与合作效应。

人才培养评价体系要能满足评价指标要求，注重评价目的与人才培养目标的一致性，确保评价结果的客观性及真实性，能够真正、客观地反映人才培养的实际水平。地方本科院校在建立人才培养评价体系时应以学生为中心，采用单项评价与全面评价相结合、定性与定量相结合等灵活多样的评价方式，以便能够真正反映出学生的素质水平、职业能力和适应社会需要的程度。

第四章　地方本科院校国际化人才培养现状与分析

第一节　地方本科院校国际化人才培养现状

我国部分地方本科院校是立足于区域发展培养优秀人才和贡献知识而发展壮大的，部分地方本科院校为地方的经济建设和社会的快速发展培养了很多复合型人才，这些人才都有一个特点，就是下得去、留得住、用得上。他们使高新实用技术在地方经济建设与社会发展中得到推广。地方本科院校使专业技术人才有了学习基地。自高等教育宏观管理体制改革以来，地方本科院校迅速发展，这使地方经济建设和社会发展发生了很大的改变。由现状可知，地方本科院校的不断发展既弥补了我国高等教育资源的不足，又成了为地方政治、经济、文化建设培养人才的有效途径。虽然地方本科院校每年都有大量的学生毕业，但是很多毕业生不具有国际化意识和国际化眼光，因此，地方本科院校应注意国际化人才培养，根据现实分析问题，并找到解决问题的方法。

高等教育国际化是目前经济和社会快速发展的必然产物，是目前的教育趋势，所以，占高校较大比重的地方本科院校应顺应这个发展潮流。面对不同层次的社会需要，地方本科院校应为服务区域经济和文化建设培养出大批量的国际化人才。高等教育要从社会各个层面充分发挥服务社会经济的职能，对社会的协调发展起到推动作用。本科教学工作要落实“质量工程”培养战略，使本科专业的教学个性化、多元化，成为教育工作的核心和基础。部分地方本科院校在发展中会出现一些问题，如专业设置相同、培养模式比较单一、缺乏自身特色等，出现这些问题的原因是在人才培养的方式上出现了问题。部分地方本科院校没有在特色中求发展，而是盲目地向重点大学学习，从而导致自身特色的缺失——适合重点大学的办学思路和人才培养模式并不代表就适合地方本科院校的发展。地方本科院校的生存和发展与服务地方是密不可分的，地方本科院校要为地方的经济建设和社会发展服务，要服务于地方市场人才的供给。这就要求地方本科院校进行改革，无论改革快慢，都要与服务地方相辅相成。地方本科院校要转变办学观念，在培养人才的实践中摸索出适合自己的办学模式和准确的定位，在发展中发挥自己的优势、坚持自身的办学理念，有针对性地培养社会发展需要的复合型人才，使地方本科院校教育具有活力和生命力。

管理理念和管理体制决定了地方本科院校的发展，但是近几年来一些地方本科院校在这两方面做得不够好，原因是资金投入少，无法满足地方本科院校发展的需求。在培养国际化人才的数量与质量方面，一些地方本科院校无法满足人民群众对高等教育国际化的需求，也制约着地方经济发展。1999 年以来，我国高等教育规模不断地扩大，大学生人数高居世界榜首，其中绝大多数学生是在地方本科院校接受教育。大学生人数不断地增加，地方本科院校的师资力量却得不到补充，使国际化人才培养的方式得不到充分应用。

一些地方本科院校在国际化人才培养上存在着较多的问题，如在理念、制度、方法等方面，尤其是人才流失的问题，使地方本科院校的教师力量更加不足。为此，一些地方本科院校不得不聘用青年教师。而大多青年教师的经验不如老教师丰富，其数量的迅速增长很可能影响教育教学质量，使得学科梯队建设不完善，总体实力和水平有所下降。改变这一现状，提升地方本科院校的教育水平，是地方本科院校面临的重要问题。

高校教育发展迅速，一些地方本科院校却出现了人才总量不足、层次不高、结构不合理、分布不均衡等问题。这也影响了地方本科院校国际化人才的培养。目前，地方本科院校都在加强对高水平、高层次人才的争夺，这也是跨越式发展所面临的重要问题。为满足跨越式发展的迫切要求，地方本科院校应把人才资源设为第一资源，把培养国际化人才作为学校发展的第一战略，迅速提升核心竞争力，否则，就会在未来的竞争中落败。

重点高校在国际化人才培养上要明显优于地方本科院校，地方本科院校所培养的人才仅有少部分是国际化人才。人才不能满足市场需要，主要是因为地方本科院校在教育资源上投入不够，导致失衡现象比较严重。另外，一些地方本科院校在办学中仍然采用陈旧的观念，注重的是学生知识的培养而非创新能力的培养，使得培养的国际化人才和创新型人才都很少。

人才流失是一个重要问题。高素质人才在一些地方本科院校没有充分发挥的平台，创新型人才更是如此，致使人才流失严重。另外，当今社会就业需求和跨国公司对人才的要求与地方本科院校的培养模式和课程安排有差异，因此地方本科院校应在培养模式和课程安排上进行思考和改革。

我国一些地方本科院校在师资上存在较大问题，如职务较高的教师老龄化、骨干教师和学科带头人队伍“青黄不接”等。最近，各个地方本科院校之间的竞争逐渐加剧，而且因为地理位置、环境因素和文化发展的不同，会存在很大的差距，地处偏远的地方本科院校无法抵抗经济和文化都较发达的地方本科院校的冲击。近年来，地方本科院校教师进修学习成为一种普遍现象，当其取得较高学历后，大部分人不想回到原来岗位，这使地方本科院校成了人才的中转站、人才培训的储备局。

一些地方本科院校师资在对外交流上存在明显的不足，主要是因为经费不足，大多数教师没有对外交流的机会。这说明了学校给教师提供的交流平台较少。一些地方本科院校即使派出教师对外交流，也是参加短期的培训和一些学术会议，出国交流少之又少，这就说明资助教师出国交流、实践、参加研究项目的费用较少。卡耐基基金会的一项对学术职业人员的调查表明，在 14 个国家中，其中 13 个国家的 90% 的教师认为，作为一个学者，要紧跟学术发展的潮流，就应经常出国访学或进行科研。地方本科院校教师对外交流规模小，这明显与高等教育的国际化发展不符合。

地方本科院校培养国际化人才的另一个体现就是对外籍教师的聘请。目前，一些地方本科院校在外籍教师聘请上做得比较好，教师大都来自美国、加拿大、英国、澳大利亚等国家，但是部分地处偏远的地方本科院校由于各种原因还无法真正做到人才培养国际化，在外籍教师聘请上更是不尽如人意。地方本科院校中大多数学生愿意与外籍教师进行交流，以提高自己的外语水平，但是外籍教师水平参差不齐，导致起不到应有的效果。因此，地方本科院校要想真正做到人才培养国际化，就要重视外籍教师的聘任工作。

第二节　地方本科院校国际化人才培养路径

一、正确处理专业设置与服务地方的关系

（一）找准定位是专业设置的关键点

高等教育国际化的重要体现就是人才培养国际化，地方本科院校对这一点体现得更加明显。要想促进地方经济的快速发展，地方本科院校应采用国际

化的人才培养方式。就当前的形势来看，社会需要的是多层次、多样化、研究与应用为一体的复合型人才，但是，一些地方本科院校在专业建设上还没有准确定位，在学习重点大学的同时，忽略了自身的特色专业，盲目效仿导致了众多问题。例如，地方本科院校在专业设置上的定位偏高，专业设置无特色；不能更好地服务地方经济发展；无法满足市场对人才的需求；培养模式较单一；学生就业困难；等等。培养出适合区域发展需要和社会市场需要的跨文化复合型人才是地方本科院校人才培养国际化的首要目标，地方本科院校在国际化人才培养上要抛弃陈旧观念，树立多元化的人才培养观，根据自身的特点来进行专业定位和专业设置，发挥学科优势，根据地方需要培养具有多种能力的国际化人才，以促进地方经济、文化的快速发展。

（二）服务地方是专业设置的立足点

当今我国一些地方本科院校在加大国际化人才培养力度、加强科学研究与交流，切实为社会经济和文化服务。一些地方本科院校充分地认识到培养人才既是高校的责任，也是社会的责任。地方本科院校的创办就是为了促进区域经济的发展，服务区域经济和文化，所以地方本科院校要找准定位，如果忽视了这一点，就会从根本上偏离地方本科院校的发展方向。在地方本科院校服务地方的同时，政府和社会各界应给予大力支持，以促进地方本科院校国际化人才培养工作的顺利开展。在高等教育国际化发展的今天，各校之间的竞争日益加剧，在比较中我们不难看出，地方本科院校在很多方面明显落后于重点高校，主要体现在学校的办学历史、办学条件和办学水平方面。但是，地方本科院校在无法缩小与重点高校之间差距的同时，与同等层次之间的地方本科院校还存在相当大的竞争。因此，地方本科院校要想求生存、求发展，就应服务于地方。地方本科院校发展的根本出路是要以社会市场需要为导向，以就业率为衡量尺度，以办学特色为发展方向。专业设置是大学和市场间进行双向建构的重要方法和途径。把握时代背景，立足地方经济建设，依托区域资源，大力弘扬地方特色，根据特色开展特色专业，其最终目的是要服务地方。

（三）依托资源是专业设置的着力点

地方本科院校经过长期发展，逐渐形成了自身的办学特色。地方本科院校要依赖地方社会而生存，地方具有先天的自然环境，蕴含着丰富的社会资源。地方本科院校要彰显地方特色，就应改变目前雷同的专业设置，及时有效地获取地方各种有利的资源，从而提高地方本科院校的核心竞争力。区域资源在地方本科院校稳定发展中起到了重要作用，它促进了地方本科院校的稳定持续发展，体现了社会适应力，因此地方本科院校要充分利用区域资源。地方政府大力支持地方本科院校的发展，在区域资源方面，地方政府希望地方本科院校能够利用得天独厚的区域资源来培养国际化人才，目的是适应地方社会发展需要。地方本科院校依托区域资源开展专业建设是地方本科院校区别于其他高校的重要体现，也是地方本科院校本质属性的体现。地方本科院校要有先进的思想，善于发现和利用新的资源来加强专业建设，找出适合自己的特色专业，从而形成办学特色，为地方经济建设和社会发展培养“下得去、用得上、留得住”的国际化人才。

二、加大跨文化复合型人才的培养力度

（一）教学管理国际化

教学管理国际化的核心问题是教学改革。在国际化人才培养中，地方本科院校的国际化管理理念是关键。教学改革要以人为本、以学生为本。目前一些地方本科院校已经根据国情和学校自身的情况来进行教学改革，目的就是要探索地方本科院校国际化人才培养的发展之路。地方本科院校在确立自己的办学模式和办学途径中，会受到较多条件制约，如师资结构的不合理、管理思路的不明确等。究其原因，主要是开放力度不够。地方本科院校没有与国际接轨加强文化知识交流的信心，未能搭建跨文化训练的平台，以加强特色优势专业对跨文化人才的培养，推进优质资源的本土化。

教学管理国际化的重点就是培养管理国际化的眼光，那就要对地方本科院校在交流和合作上有严格的要求。地方本科院校要走出校门甚至走出国门，就应学习国外大学在学术、科研、教学和国际化人才培养上的优点。由于受很多因素影响，地方本科院校在选择人员出国交流学习的问题上缺乏考虑，专业对口、通晓技术、之前从事过相关的教学和科研的工作等都是考虑人选时要列入的因素，很多人条件合格，科研水平也够，却没有被派出去，反而一些水平相对较差的教师被派出去交流，其中就存在人情因素和关系因素。

（二）课程国际化

我国一些地方本科院校在课程设置上存在严重的问题。地方本科院校在课程设置上主要是以国外相关课程为国际化人才培养的主要课程，但是课程与实际有很大的偏差，使学生无法锻炼动手能力。此外，我国一些地方本科院校

在课程内容以及教育方法、方针上遵循一定惯例，众多管理者只是照搬文件或者听从上级的安排，忽视了学生这个教育主体。

课程国际化要求处理好课程的主修和辅修之间的关系。一些地方本科院校的专业没有根据学生的兴趣爱好来设置，学生不能自主地选择专业，这就严重地阻碍了学生的自我能力培养和兴趣培养。进行课程国际化改革，使学生在必选课程的基础上选择一门自己喜欢的课程，这对于地方本科院校国际化人才培养是有利无害的。地方本科院校可以在各专业课程之外开设国外经典名著导读、国际贸易等一系列课程，鼓励学生自主学习。从课程国际化的角度来看，我国地方本科院校课程国际化设置还需要作出很大的调整，在公共基础课程中开设国际教育方面的课程，如国际政治、经济、文化等，以及介绍外国地理、文化、历史、风俗的相关课程。此外，地方本科院校要注重外语课程的开设——除了开设高校基础英语，还应该开设专业外语，使学生大学四年的外语学习不断线。在课程结构上，地方本科院校要加强选修课的设置，提高选修课程的比例。

（三）教材国际化

教材国际化是国际化人才培养中的一个重要环节，而国外原版教材的使用是地方本科院校培养国际化人才的重要方法。国外优秀的原版教材包含先进的教育理念和教学方法，能够使学生尽快地学习到外国在该学科上的先进研究成果和前沿信息。地方本科院校在选择原版教材的时候要注意，目前市场上有大量的国外原版教材，要根据学校的需要对教材进行科学的论证，以保证每一本引进来的教材都是国外优秀的原版教材。首先，所选择的国外原版教材应该由国外著名学者撰写、著名出版社出版，在国际上具有一定的影响力。优秀原版教材中的思想可以开阔思路，使教师和学生受益。其次，引进的国外原版教材要与我国的教育大纲同步——教材是教学大纲的具体化内容，引进的教材应具备无可置辩的科学性和适应性。更重要的是，坚持选用的国外原版教材应符合相关专业人才培养目标的要求，而且应该根据教学对象的不同有所侧重，如本科阶段应注重教材的科学性、稳定性和先进性。

（四）师资国际化

地方本科院校要更好地进行国际化人才培养，对师资队伍的要求很高——师资队伍要具有高水平的文化素养以及国际性视野。

提升地方本科院校的教学质量，创建一流的国际化师资队伍，需要重点培养满足教育国际化要求的教师，这也是实现国际化人才培养的基本条件。知识的创新需要文化的融合，地方本科院校国际化人才培养的目的就是中外人才交流，学生要提升自身各方面的能力，教师则要熟悉彼此的文化背景，在交流中共同进步。《国家中长期教育改革和发展规划纲要（2010—2020年）》指出，“吸引更多世界一流的专家学者来华从事教学、科研和管理工作，有计划地引进海外高端人才和学术团队。引进境外优秀教材，提高高校聘任外籍教师的比例。吸引海外优秀留学人员回国服务”。

地方本科院校在面对师资这个问题的时候，应该成立一个专门机构，这个机构主要的任务就是创建国际化师资队伍，对此应从人力、物力和财力方面给予支持，提升教师自身的国际化教学水平。对国外优秀文化和知识的学习和引进，只能解决一部分问题，因为在文化背景等方面存在差异，很难与中国的国情吻合，所以我们要制定一个适合于我国地方高等教育的师资培养方案。

三、提供良好的国际化培养环境

（一）加强国际化校园文化建设

对于高层次国际化人才的培养，地方本科院校要在建设国际化校园上下足功夫。校园文化包括多方面：一是学校的教育理念，二是学校的办学思想，三是学校的学术氛围，四是学校人才培养模式。对于校园文化的建设，要注重两点：国际化和开放和谐。建设良好的具有国际氛围的地方本科院校是我国在国际化人才培养上的重要任务。因此，我国地方本科院校应该组建一些学术组织，开展一些国际性学术讲座、演讲，举办跨国夏令营活动，直接参与大型国际活动，组织中外学生开展交流会和联谊会，等等。这类活动如果能够经常在地方本科院校中进行，那么会对我国地方本科院校国际化人才培养起到重要的作用。在校园文化上，大力加强以办学精神为核心的校园文化建设，提升文化品位，积淀文化底蕴，构建文化型校园，提升文化育人功能。

校园文化一直以来对学生的影响是深远的。在全球化的世界中立足，国际化发展是必然要求，但是把全部学生送到国外学习明显是不现实的，一种行之有效的方法就是在大学教育中开展国际化教育。地方本科院校应加大对国际化人才的培养力度，为学生提供有益、有用的出国学习的经验。地方本科院校要加强对校园文化的建设，为国际化人才培养营造良好的氛围，以夯实学生的知识基础。

（二）构建“双校园”人才培养模式

“双校园”是指学生在大学学习的过程中，前一阶段是在本校完成学习，后一阶段是在与本校有合作的国外院校来完成学业，也就是所谓的“3+2”留学、“2+3”留学等。其目的是给学生提供良好的学习环境。中国高校以及国外高校要在达成共识的情况下设计出一个适合两校发展的教学计划。这个教学计划将在两校合作中起到关键的作用。在满足学分的情况下，学生要在国内和国外进行学习，在课程上两个国家也是相互承认的，最后以学生总体成绩来考虑是否颁发国内和国外高等教育的学位。

“双校园”人才培养模式的构建要始终以服务国际化人才培养为首要目标。学校在确保教师达到国际化水平和教师结构国际化的基础上，要特别注意培养教师的国际化理念，并用此来指导教师国际化人才培养工作的开展。学校在明确办学条件的基础上，坚持设置适合自身发展的课程体系，做好教师的管理和聘任、原版教材引进和学生的管理工作。另外，学校要积极地引进办学资源，找出与合作学校的结合点，并且取其精华，利用自己的优势资源最终达到国际化的教学目标。

四、注重国际文化融合

（一）理论与实践相结合，推动跨文化人才素质的提升

有些地方本科院校在国际化人才培养中体现出重理论、轻实践的特征。跨文化人才的培养要求学生在理论学习的基础上重视实践学习，掌握科学文化知识、国际化的相关知识，但如果缺少一个平台来锻炼和实践，就会阻碍学生跨文化人才素质的提升。

有的地方本科院校在人才培养上只注重理论的学习，甚至有一些地方本科院校随意减少学生的社会实践时间；有的地方本科院校在中外合作办学上采取国内两年、国外两年的模式，但是因为某些事情，学生不能出国留学，这就严重阻碍了地方本科院校国际化人才培养水平的提高。

（二）加强管理者与教师的国际交流

强化管理者与教师的国际交流对促进国际化人才培养起到重要推动作用，对此，应鼓励和支持管理者与教师参加国际合作项目。

管理者与教师的国际交流必然要求管理者和教师具备一定的外语水平，

而师资队伍的国际化能促进地方本科院校国际化人才培养的发展。教师要通过出国交流的机会积极开阔自己的视野，并应用在国际交流与合作中。虽然近几年地方本科院校提高了对教师的国际交流的重视程度，但是还无法满足教育国际化快速发展的需求，还应进一步加快教师出国学习的步伐。

国外一些高校组建联合会，使教师有更多的机会出国交流。国际性和区域性是目前众多高校联合会的特点，这种特点也能确保教师的国际交流与合作顺利开展。这些机构成了各国相互学习、科研合作和联合办学的桥梁。

第三节　陕西省地方本科院校国际化人才培养分析

一、陕西省地方本科院校国际化人才培养的紧迫性

陕西省是一个名副其实的高等教育大省，教育部发布的《2021 年度全国高等学校名单》显示，截至 2021 年 9 月 30 日，陕西高等学校共计 97 所：其中本科高校 57 所，专科 40 所。在 57 所本科院校中，民办本科 23 所，公办本科34所，这些公办本科院校的办学经费主要依赖地方政府财政投入。[①] 一方面，由于地处西部，经济欠发达，陕西省无法像江苏、浙江、上海、北京、山东等省市一样为本地高校提供充足的办学经费。因此，近年来，在办学硬件和软件方面，陕西省地方本科院校与东部地区同类院校相比有了不小的差距。另一方面，与东部高校相比，陕西区位环境优势不强，对高水平优秀人才的吸引力不足。高校人才培养的核心支柱是高质量的教师队伍，高质量的师资队伍是培养一流人才、产出一流成果的关键。然而，陕西由于受到地理位置和经济社会发展水平等因素的制约，在人才队伍建设的资金投入方面，与东部沿海地区还有一定的差距，使得陕西省一些高校的师资队伍建设存在问题，尤其是缺乏高水平的学科带头人和学术带头人，这成了导致关键性资源短缺的瓶颈。

随着《国家中长期教育改革和发展规划纲要（2010—2020 年）》的颁布和实施，教育部启动了“中西部高等教育振兴计划”。随之而来的是，2011 年陕西省启动“高水平大学建设工程”，除了继续支持在陕西的 8 所“985 工程”或“211 工程”大学建设之外，陕西省计划重点支持 12 所基础良好、特色鲜

① 澎湃新闻.最新！全国高等学校名单公布 其中陕西共 111 所 [EB/OL].（2021-10-26）[2022-10-20].https://www.thepaper.cn/newsDetail_forward_15081361.

明、与全省经济社会发展密切相关的省属本科高校，欲将其建成在国内有广泛影响力的高水平大学。作为西部地区的地方本科院校，如何确定办学定位，如何建成地方高水平大学，人才培养应该选择什么样的路径，这些都是要思考和解决的问题。

国家的“一带一路”倡议，为陕西省地方本科高校的发展提供了新的契机。2015 年 3 月，经国务院授权，国家发展改革委、外交部、商务部联合发布了《推动共建丝绸之路经济带和 21 世纪海上丝绸之路的愿景与行动》，这一战略性文件对陕西等做了进一步的区域功能定位——发挥陕西、甘肃综合经济文化和宁夏、青海民族人文优势，打造西安内陆型改革开放新高地，加快兰州、西宁开发开放，推进宁夏内陆开放型经济试验区建设，形成面向中亚、南亚、西亚国家的通道、商贸物流枢纽、重要产业和人文交流基地。2016 年 4 月 29 日，中共中央办公厅、国务院办公厅印发了《关于做好新时期教育对外开放工作的若干意见》。该意见提出，要坚持“围绕中心、服务大局，以我为主、兼容并蓄，提升水平、内涵发展，平等合作、保障安全”的工作原则，推进教育的改革开放。支持东部地区整体提升教育对外开放水平，率先办出具有中国特色、世界水平的现代教育，支持中西部地区不断扩大教育对外开放的广度和深度，引导沿边地区利用地缘优势，推进与周边国家教育合作交流，形成因地制宜、特色发展的教育对外开放格局。在“一带一路”向纵深推进的背景下，陕西省地方本科院校应该如何积极融入“一带一路”，为区域经济和“一带一路”建设提供人才支撑？应该如何在办学经费有限的情况下因地制宜、开阔国际视野、打造区域特色，实现人才区域化、国际化的融合培养？这些都是需要思考和解决的问题。

二、陕西省地方本科院校国际化人才培养的思路

（一）区域化、国际化融合：陕西地方本科院校人才培养的应然之路

地方本科院校应该如何正确认识区域化和国际化的关系？答案是区域化和国际化的融合发展是地方本科院校人才培养的应然之路。科研、教学、社会服务是现代大学的三大基本职能。对于地方本科院校而言，这三大职能最终体现在服务区域经济社会发展上。地方本科院校如果不以区域化办学为定位，则其存在的价值将会受到质疑，发展的空间将会日益逼仄，与地方政府和区域社会也无法建立密切的联系，也无法从其那里寻求支持。在国际高等教育史上，

美国威斯康星大学为我们提供了这方面的国际经验。威斯康星大学最初作为州立大学，就是通过服务大学所在地的社会，为周边社区民众提供知识资源。它既创造了世界高等教育的奇迹，也孕育了闻名于世的“威斯康星理念”。因此，就陕西省地方本科院校而言，所谓区域化，即陕西地方本科院校应以区域社会需求为导向，及时解决区域社会发展的难题，为区域社会发展提供有力的人才支撑；在社会服务上，应积极地将学校打造成科普基地、继续教育基地、技术推广和信息咨询基地，服务于区域社会的发展。地方本科院校承担着服务区域经济社会发展的重要使命，其发展定位只有适应地方经济发展和产业结构的需要，以社会需求为导向，才能更好地满足社会经济发展需求。因此，地方本科院校更应准确判断自身专业学科、人才智力优势，深入挖掘与地方行业产业对接的潜力，切合地方对本科院校的需求，做大做强，最大限度地彰显自身价值。

地方本科院校在长期的办学中大都形成了自己的办学特色，也都达成了共识，要以区域社会需求为办学之本，但是在国际化发展方面却存在着很大争议，具体表现如下：国际化发展是“985 工程”“211 工程”大学实施精英教育的目标和手段，作为高等教育大众化的主力军——数量庞大的地方本科院校，要求其开展国际化办学是不切实际的“揠苗助长”；甚至还有人认为，地方本科院校进行国际化和区域化融合发展是相互矛盾的。那么，地方本科院校有没有必要探索国际化发展的路径？国际化能给这些高校带来哪些好处？地方本科院校以区域化作为其办学定位，却万万不能以“地方办学”“区域办学”的视角进行管理和运作。地方本科院校应通过国际化的战略和手段，引入成熟的国际办学经验，立足本位，兼收并蓄，实现地方本科院校的内涵发展，从而进一步增强地方本科院校和人才服务区域经济社会发展的能力。另外，在“一带一路”背景下，区域经济是承担特定功能的区域经济，是主动融入“一带一路”的区域经济，而区域化在某种意义上也是国际化视野下的区域化。因此，地方本科院校培养的人才也应该具有国际化视野。以陕西省为例，陕西省地方本科院校应该围绕区域经济需求开展人才培养，而陕西省区域经济正在积极融入“一带一路”，通过区域特色打造区域优势，承接“一带一路”特定的区位功能。陕西省正努力寻求将优质产能和技术向“一带一路”沿线国家，尤其是中亚、南亚、西亚等周边国家输出的路径，这需要一大批有国际视野、熟悉国际经济业态的人才。陕西，正努力发挥文化重镇的优势，积极促进与“一带一路”沿线国家的文化交流。因此，国际化和区域化相融合是陕西省地方本科院校人才培养的应然之路。那么落实到人才培养上，地方本科院校国际化发展的重心和人才培养目标是什么?《国家中长期教育改革和发展规划纲要（2010—2020 年）》指出：“加强国际交流与合作。坚持以开放促改革、促发展。开展多层次、宽领域的教育交流与合作，提高我国教育国际化水平。……培养大批具有国际视野、通晓国际规则、能够参与国际事务和国际竞争的国际化人才。”地方本科院校国际化发展的核心是培养学生具备国际化视野、通晓国际规则、能够参与国际事务和国际竞争。

由此可见，区域化和国际化是相辅相成的关系，国际化是全球化背景下的必然发展趋势，但又要以区域化为依托；区域化是国际化的内在要求，是国际化的出发点与归宿，但又要靠国际化才能深化发展。因此，区域化和国际化融合发展，是陕西省地方本科院校人才培养的应然之路。

（二）“一体两翼三保障”：陕西地方本科院校人才国际化培养的可然之路

陕西省地方本科院校作为西部不发达地区的地方本科院校，应该通过什么路径实现人才区域化和国际化的融合培养?笔者认为，陕西省地方本科院校应该通过“一体两翼三保障”的模式协同创新，推进应用型复合型人才朝着区域化和国际化融合的方向培养。“一体”即高层次应用型复合型人才培养，“两翼”即区域化和国际化双管齐下，引入国际视野，突出区域特色，并将在地国际化作为国际化办学的主要模式，“三保障”指的是机制保障、服务保障、投入保障。

1. 以高层次应用型复合型人才培养为核心

地方本科院校的人才培养目标不同于研究型大学的人才培养目标，不同于专业型大学（艺术、传媒、体育类大学）的人才培养目标，也不同于高职院校的人才培养目标，它主要培养的是面向社会生产建设一线的高层次应用型复合型人才。在新的时代背景下，高层次应用型复合型人才的培养既要坚决摒弃“螺丝钉”式的狭隘专才教育，也要避免岗位培训式的职业技术教育。因为随着信息化、全球化、知识经济时代的到来，学科交叉、知识集成、跨行业合作、技术创新等正逐渐成为经济和社会发展的推手。社会的发展迫切需要具有合理的知识结构、一专多能且知识迁移能力强的高层次应用型复合型人才。社会需求的人才标准正在发生变化，因此陕西省地方本科院校应通过调整人才培养目标和标准来应对这种变化，要研究、分析社会经济发展对人才需求不断变化的趋势，建立动态的人才需求调研机制和人才培养预警机制。

2. 区域化人才培养

区域化指的是在区域特色中发展不对称优势，打造专业群和课程群，强化人才培养与区域社会发展的适配性。陕西省地方本科院校要立足区域经济和社会发展，着眼“一带一路”的区域功能定位，在凝练办学特色中寻找自己的不对称优势，以质量求生存，以特色求发展，在专业设置、课程内容、教学模式、办学模式、校企合作等方面，要主动融入区域经济发展战略和“一带一路”倡议。

在专业设置上，地方本科院校应该围绕陕西省区域经济发展战略和地方经济产业结构进行调整，根据“核心产业—相关产业—附加产业”的产业链思路，形成主干专业和相关专业互为联系的专业群，根据区域产业链人才需求，打造专业课程群，使专业群对接产业链、专业课程群对接每个产业的人才能力要求。陕西省地方本科院校应采取“两个层次引导”的策略。一是在宏观的专业群的设置层次上，根据区域发展的产业链优化专业结构，确保产业引导专业、专业支撑产业，在此基础上努力开发“你无我有，你有我特”“你无我有，你有我全”的优势专业群和特色专业群。二是在较为微观的专业课程群层次上，课程群的设置既要对接社会对人才的一般需求，又要对接产业行业对人才的特殊要求；既要确保人才的知识、能力等，又要保证其素质与社会、行业、产业的人才需求对接。因此，地方本科院校的课程中既要见知识，又要见能力和素质；既要见“成才教育”，又要见“成人教育”。

在教学模式、办学模式、校企合作方面，应按照“把行业需求融入专业，把行业力量融入团队，把教师发展融入产教研，把学生发展融入教学”的思路开展。同时，创新办学机制，依托行业优势和专业特色，根据国家及区域经济社会发展的人才需求开展校企合作，探索地方本科院校应用型人才培养的“订单式”模式和“一来二去”的产学研合作模式。“一来”就是邀请企业家、某些领域的专家、政府官员等来校担任本科生兼职导师、兼职教授；“二去”就是组织教师到企业、地方、生产建设一线调研，参与企业技术攻关，组织学生到企业调研实习，密切校企关系，增加行业认知。陕西一些地方本科院校在人才培养上存在着重理论、重基础，应用性不强，与社会对接度和区域经济适配度不够高等显著问题。因此，地方本科院校应该将自己的专业办学、学科建设主动与区域经济社会发展对接起来。

3. 国际化人才培养

国际化指的是以“在地国际化”模式为主，以传统国际化模式为辅，将国际化视野引入人才培养的过程（国际化目前主要有两种实施路径，即“传统国际化”和“在地国际化”）。地方本科院校在有条件的情况下，可以采取传统的国际化办学模式。传统的国际化办学，主要是通过教师和学生的跨境流动、教学和课程的国际化、国际合作研究、国际合作办学等方式来实现国际化的办学。其特征是将“人的跨国流动视为一种理想的教育方式”，现今一些地方本科院校已经将教师和学生的跨境流动作为自身开展国际化办学的重要途径。近年来，陕西省地方本科院校在学生出境交流及留学、留学生教育、师资队伍的国际化、教学与课程的国际化、国际合作研究和中外联合办学等方面取得了很大的进步。但是与东部沿海地区的大学相比，陕西省地方本科院校的国际化才刚刚迈出步伐。不可否认，传统的国际化模式是高等教育国际化的最佳选择，通过国际交换生模式和“双校园”培养模式，通过教师和学生的跨境流动，在跨文化的环境中比较容易产生文化和思维的碰撞，有利于学生开阔视野，增强对世界多元文化的理解，培养从多个角度思考和解决问题的能力。因此，我们应该鼓励有条件的地方本科院校与国外机构开展合作办学，设立奖学金和交换生项目。但是这种国际化模式目前也存在功利主义的误区。例如，为了国际化而跨境流动，将师生的跨境流动作为学校推进国际化战略的核心，把跨境人员的数量、高校参与国际项目的程度作为衡量学校国际化水平的标准，招收留学生时不断降低门槛，只讲数量不顾质量；又如，常常将双语课程等同于国际化课程，缺乏深入的国际合作研究。这些做法与制定国际化战略的初衷南辕北辙。不仅如此，这种传统的国际化模式在地方本科院校中还存在一个很大的问题：投入成本高，惠及人群少，只能惠及少数家庭条件好的学生。对于陕西省地方本科院校而言，深入开展传统模式的国际化办学存在许多困难。以中外合作办学为例，陕西省地方本科院校开展的中外合作项目规模偏小，受益面较窄，形式较为单一，与教育的成本投入不太相称。2021 年 11 月 3 日，教育部批准西安电子科技大学、陕西科技大学、咸阳师范学院、商洛学院等四所学校申报的中外合作办学项目设立。截至 2021 年底，全省本科以上层次中外合作办学机构共 7 个、项目 26 个。[①] 经过多年努力，陕西省中外合作办学对地方本科院校深化教育教学改革、推动学科发展、提升学校国际化办学水平发挥了重要作用，已成为陕西省扩大教育对外开放、地方本科院校推进内涵式发展的重要力量。

“在地国际化”模式是地方本科院校开展国际化办学的可行路径。“211 工

① 潇湘晨报．陕西新增 4 个本科以上层次中外合作办学项目 [EB/OL].（2021-11-16）[2022-10-20].https://baijiahao.baidu.com/s?id=1716556630740363716&wfr=spider&for=pc.

程”和“985 工程”重点大学大都采取国际交换生和“双校园”培养的国际化人才培养模式，地方本科院校无论是教师还是学生，在国际交流与合作方面都受到政策、经费、环境条件的制约，因此需要探索适合自身、切合实际的国际化人才培养模式。在办学经费和资源有限的条件下，地方本科院校可以采取“在地国际化”的模式，拓宽自己的办学空间，实现对优质教育资源的共享。最早提出“在地国际化”模式的是时任瑞典马尔默大学副校长的本特·尼尔森（Bengt Nilsson），尼尔森认识到跨文化与国际性视野在培养学生与提升学校学术声望中的重要性，但苦于学校没有足够的国际项目和办学经费来帮助学生实现跨境流动。后来，该大学通过持续探索与实践，摸索出了“在地国际化”的高校国际化办学模式，尼尔森根据这一模式写成了《在地国际化：理论与实践》的报告。他认为，“在地国际化”是指“教育领域中发生的除学生海外流动之外的所有与国际事务相关的活动”，其目标是“通过让所有学生在求学时期有机会接受国际理念与跨境文化的影响来提升自身能力，以应对不断变化的全球化世界的需求”。由此看来，尼尔森试图通过“在地国际化”的方式，让大部分学生能够在学校期间接触国际理念和得到多元文化的熏陶，从而开阔国际化视野和提升跨文化能力。

开展“在地国际化”的方式有很多，其中应以课程内容和管理的国际化为核心。“课程国际化”即面向学生，将跨文化和国际化理念嵌入正式和非正式课程中，以增进学生对文化多元性的认识。当前一些高校在课程国际化方面存在着严重的认识误区，将用外语讲授的课程等同于国际化的课程。陕西省地方本科院校可以借鉴国内外大学应用“在地国际化”模式办学的经验，在课程设置和教学上，围绕培养国际化视野和跨文化能力这一核心，使学生具备开阔的胸怀和包容的气度，进而激发其创新意识和创新能力。首先，陕西省地方本科院校应该通过课程建设项目开发一批“国际化课程”。这方面可以借鉴美国杰斐逊学院的具体做法。美国的杰斐逊学院自 1999 年开始启动“国际化课程”项目，探索在课程中融入国际化内容，学生通过这些课程的学习，能够获得关于其他文化、民族的新知识。在积累了多年经验的基础上，2008 年该校在五年发展规划中从顶层设计层面进一步明确了课程国际化的地位，在全校范围内开展了“课程国际化”的探索实践。其次，在课程的内容上，陕西省地方本科院校应努力将专业知识与国际化视野相结合，将基础知识与现实国际情况相结合，使学生在对其他文化的认识中知晓世界文化的多元态势，并在此过程中逐渐培养自身的批判性思维。最后，陕西省地方本科院校应充分利用“互联网+”背景下全球范围内的优质高等教育资源，将国际教材、国际期刊等为我所用，将优质的在线课程纳入学生选修课程，承认其学分，旨在使学生运用多种视角分析并解决问题。在当今经济全球化、信息全球化，以及共建“一带一路”的背景下，陕西省地方本科院校在课程内容设置和教学上，要坚持“本土课程国际化”的导向，在本土课程中引入国际视角、国际观点、国际动态，将本土课程放在国际化视野下讲授，将本土化和全球化联系起来，开阔学生的视野。

在课程的管理和运行机制创新上，陕西省地方本科院校应借鉴欧美国家的经验，强化学生学习动态跟踪，强化过程考核，强化能力考核，探索学分互换互认机制。例如，随着“互联网＋优质高等教育资源”在全球的推广，陕西省地方本科院校也可以充分利用互联网上的优质资源，如学生学习知名大学慕课可以获得一定学分。教师也可以将慕课资源引入课程教学，实现线上线下的混合式教学。另外，教师参与的国际性慕课学习也可以作为其进行继续教育的依据。

在教师队伍建设上，陕西省地方本科院校可以通过“请进来”的方式，使教师科研、学生学习实现“在地国际化”。在这方面，中国传媒大学、西安交通大学等一些国内高校已经开始了尝试。2018 年暑假，以培养批判性思维、独立学习思考能力、逻辑性表达及理解能力，促进人才培养与国际接轨为目标的 ATEE-Plan（American top elite education plan）海外名校导师科研营暑期项目落地中国传媒大学。在为期一个月的国际小学期期间，来自麻省理工学院、加州大学洛杉矶分校等 6 所美国顶尖大学的 8 位知名教授远赴中国授课，带来国际学术最前沿的课题，推动优质教学资源的共享与推广。这些教授根据中国学生特点设计课题，做到学术性与趣味性兼备，让学生在学术框架下充分发挥想象力和创造力，实现融会贯通。除此之外，还为学生提供全真科研体验，包括教授背景知识、课题选定、文献检索、科研报告修改、论文撰写准备等各个环节。西安交通大学每年暑假小学期都会邀请世界名校的教授前来开展暑期学术夏令营活动，有各类专题的讲座、培训供学生选择，而且有些夏令营是对社会开放的，可以报名缴费参加。这些都是“在地国际化”的积极尝试。

此外，陕西省地方本科院校还应该充分利用留学生资源和国际化的师资，实现校园文化氛围的国际化。留学生在陕西一些高校处于“圈养”状态，与本土学生的实质性交流不多，并没有形成跨文化交流的校园文化氛围。对此，陕西省地方本科院校应当通过开展国际文化交流沙龙等，分期、分专题让留学生为本土学生介绍其母国的文化、经济、教育等状况，增进交流机会，增加本土学生对“一带一路”沿线国家的了解。另外，陕西省地方本科院校还可以利用有海外留学、访学背景的师资，定期举办文化专题讲座，增进学生对世界的了解。

4. 机制保障、服务保障、投入保障是实现人才区域化、国际化融合培养的保证

好的方案需要相应的保障方能达成目标，陕西省地方本科院校人才区域化、国际化融合培养的实现也不例外。机制保障指具有常态化的、完备的运行机制、监控机制、激励机制和考核机制。纵观欧美大学近百年来的办学经验，科学的顶层设计和机制保障是关键。陕西省地方本科院校应通过建立科学有效的运行机制、监控机制、激励机制和考核机制，对教师、学生、课程、专业的发展进行有效的促进，最终实现管理育人、管理强校的目标。陕西省一些地方本科院校目前存在着管理滞后的问题，顶层设计不够完善，运行机制、监控机制、激励机制和考核机制不够科学，注重形式胜于注重内容，注重结果胜于注重过程。有的院校有顶层设计，但在具体落实过程中却比较随意，有章不循。服务保障指的是要有服务意识、服务平台、服务路径。地方本科院校应该以教学、科研为着力点，以服务人才培养为核心。学校的职能部门要转变思维，从“管”向“服务”转变：把教学自主权还给教师，使教师可以腾出更多的精力投入教学和科研；把学习自主权还给学生，使学生可以更便捷地投入学习。投入保障是指在办学经费有限的前提下，围绕人才区域化、国际化融合培养的软件和硬件建设，进行重点保障。陕西省一些地方本科院校办学经费有限，因此应该有所侧重、有的放矢地投放资金，改善办学条件。比如，在“互联网 +”和智能化背景下，陕西省地方本科院校应该建设在线课程管理平台，引进设备改善教育技术手段，建立国际化教学资源库，打造以教学和学习为中心的智慧校园等，这些投入要有保障。

总之，陕西省地方本科院校应构建“以市场为导向”的专业设置机制、满足全面素质和职业综合能力培养的课程建设机制、“扎根田间地头”的社会实践机制，构建区域化的高层次应用型复合型人才培养机制。同时，陕西省地方本科院校应采取以“在地国际化”为主、以传统国际化为辅的方式，实现课程体系、教学内容、课程结构和教学方式的国际化与本土化融合，通过引入中外合作办学机构和项目等，培养人才的国际化视野。基于现实考虑，这些是陕西省地方本科院校应用型人才国际化培养的主要路径。

第五章　地方本科院校国际化人才培养模式

第一节　现有国际化人才培养模式综述

一、"工学交替"模式

"工学交替"模式是一种将学习与工作相结合的教育模式。对于高等院校来说，使用"工学交替"模式不仅能培养学生学习的主动性、目的性，还有助于提高他们的职业能力和综合素质。"工学交替"模式的第一个特征是要求学校与企业建立相对稳定的合作关系，形成互惠互利、合作双赢、共同发展的合作体制，达到既能使学生获得专业理论知识，又能使学生掌握职业技能的目的。此外，还能培养学生在职业道德等方面的素质。"工学交替"模式的第二个特征是学生在企业实习时有着学生和企业员工双重身份。在实习期间，学生要以企业为主、以学校为辅，由校企共同管理学生。"工学交替"模式的第三个特征是学生在企业进行顶岗实习，可以获得一定的劳动报酬，这样可以帮助家庭困难的学生完成学业。"工学交替"模式的第四个特征是学校和企业共同对学生在企业实习期间的工作情况进行考查、评价后，企业对实习期间表现优秀的学生可以优先录用，通过企业和学生的双向选择，解决了部分学生的就业问题。①

"工学交替"模式具体要求如下所述。

① 马应心 . 地方新建本科院校国际化人才培养探索 [J]. 临沂师范学院学报，2008（5）：58-60.

（一）教学主体双元化发展特征

在实际发展阶段，高等院校应当与企业保持良好的合作关系，进而形成双元驱动、联动、互动的关系体。双元驱动即发挥两个载体（理论传授载体、实践体验载体）的作用，调动企业培养急需人才的动机与欲望，驱动企业利用学校教育资源的积极性；调动学校开拓办学渠道和拓宽学生就业空间的动机与欲望，驱动学校利用企业资源的积极性，实现双赢。双元联动即在人才培养与专业建设上联动，在校内实训基地建设与企业产品、业务推广上联动，在提高企业经济效益与改变学校办学思想上联动，在改善学校的办学条件与优化企业人才结构上联动。双元互动即企业经理人员成为学校专业建设的顾问，学校的教授到企业开展相关的理论咨询；企业和学校协作攻关；开展企业文化、校园文化的建设；等等。

（二）理论与实践教学相结合，使课程体系所具备的互动效能得到发挥

从传统发展状况来看，我国高等教育主要从层次结构角度入手，开展相关课程设置活动，主要包括公共基础课、专业基础课及专业课；以学科为核心，确保课程模式带有显著的系统性、完整性，同时方便进行课程编制操作，共同为提升学生的认知能力打下坚实基础。但由于很多理论研究与实践操作存在本质性差异，学科与学科实践之间未能形成显著作用关系，因此，我们需要开展相关课程体系改革活动，打造一体化教育体系，为互动课程模式建设做好充分准备。首先，高校应打造理论教学体系，按照企业要求开展相关课程设置活动，尝试从多个层次进行定向人才培养。其次，在开展实践教学活动时，高校应采用校内与校外课程联动方式，确保模式运作能够逐层推进。

（三）采用理论与实践相结合的教学方式，完成双重教材的编制

理论教学大纲与实践教学大纲各自保持独立运行状态，而且独立形成教学体系。教学大纲即主要的教学执行计划，是进行人才培养的指导性文件，是教材编制的主要参考依据。要实现“工学交替”的教学发展目标，地方本科院校就应确保理论教学大纲和实践教学大纲的运作模式能够相互促进、相互影响，必要时可采用理论课教材与实践课教材分设的方式。其中，理论课教材编制应当充分体现系统及基础性特征，尽量采用多样化表达形式，如图片、表格等，避免长篇幅的文字叙述，以免对学生的学习积极性造成不良影响。实践课教材编制要注重与企业岗位需求有效结合，学校可以自行编制相关教材内容。

受“工学交替”模式影响，实训教材包括案例型教材、岗位训练教材、活动项目教材、企业岗位培训教材。

（四）考核及教学方式共同进行改革，并推行毕业生双证（或多证）制

要想改革传统考核及教学方式，高校需要做到以下几点。在考核方式方面，高校需要以岗位需求为核心，进行相应质量标准的设置，其中，应当确保多元化考核方式的效用能够充分发挥出来。高校在实际教学阶段要不断强化过程考核，在满足条件的情况下，可以尝试用职业资格考核代替传统考试。在教学方式方面，高校应采用管理教学、行为引导、案例教学、情境教学等多种方式相结合的教学方法。在相关教学活动中，高校应始终确保学生的主体地位能充分体现出来，同时注重对学生自主学习意识的有效培养。毕业生在拿到学历证书的同时，也能够拿到对应的职业资格证书。双证书制度有助于学生的综合素质得到提升，进而尽快解决就业问题。对此，高校应当将职业认证纳入相关教学计划中，并完成相应资格鉴定站建设，共同为创造良好的资格认证条件做好充分准备。此外，高校应打造多样化质量保障体系，确保教学质量能够长期处于不断上升的发展状态。

二、创业实践模式

（一）竞赛牵引

所谓“竞赛牵引”，其实指的是利用国内或者国际相关机构组织竞赛，帮助解决相关创业实践问题。一般而言，大学生参与较多、较为常见的创业实践就是创业大赛。世界上第一个举办大学生创业计划大赛的大学是得克萨斯大学奥斯汀分校，举办时间是 1983 年。该学校举办这一比赛的目的是鼓励大学生参与创业实践活动，让大学生从没有资本的创业者角度出发，就某一产品或某一服务拟定可行性报告，并向在场的投资家阐述自己商业计划的可行性，尝试说服他们投资。举办创业竞赛的直接结果是孵化出了一批以大学生群体为主的创业者，更为重要的是，通过参与这种竞赛，大学生的创业意识和潜力会被激发出来。从教学角度来讲，“竞赛牵引”模式不但能够提升大学生的创业水平，激发大学生的创业斗志，而且能使学生的成果走出校门、进入市场，吸引投资，孵化出一批大学生创业项目。

（二）社团运行

所谓社团运行，指的是以社团为基础来确保创业项目顺利进行，解决创业实践的受益面和可持续发展问题。高等院校为学生提供了丰富的课外实践活动以及类型多样的学科，将一些具有相同爱好的学生组织起来，而这些兴趣相投的学生组成的社团赋予了创业实践独特的优势。在创业实践过程中，兴趣相投的大学生组成的社团是主体，它以参加竞赛为动力、以创新为指导、以社会投资为保障，这种社团运行的创业实践模式是大学生参与创业实践的核心。

（三）中心保障

所谓中心保障，指的是学校创新中心为项目活动的开展提供指导以及保障。在开展创业实践活动时，平台扮演着重要的角色，因为任何项目都无法脱离平台而运行下去。在大学生创业实践活动中，学校起着中心保障的作用。学校应该做到以下四点。首先，学校创新中心应科学、有序地管理大学生社团组织，培养大学生的创业精神，激发大学生的创业斗志。其次，学校应该为创新中心专门配备一支优秀的教师队伍，来解决大学生参与创业竞赛时面临的种种问题。再次，学校应成立创业基金，整合社会和校内资源，为大学生参与创业实践提供一定的资金保障。最后，学校创新中心要履行引进外部赞助的职能，为学生参与创业竞赛争取经费和机会，在学生与企业之间架起一座可靠的桥梁。

（四）社会融资

所谓社会融资，指的是在创业实践活动举办期间吸纳社会资金，为创业活动提供资金保障。没有资金，创业活动就无法开展。创业活动资金主要来源于企业的投资、捐赠，学校给予的项目经费以及实践基地的盈利等。高等院校应顺应“创业实践”模式，将大学教育、科学研究以及创业结合起来，采用产学研一体的教学方式，积极动员社会基金机构或企业联盟组织，让其参与到创业实践竞赛中来，为创业实践活动提供资金支持。同时，高等院校应设置奖项奖励竞赛成绩优异的学生，开发创业教育课程，鼓励学生多参加社会实践活动以及企业实习，为创业奠定基础。

（五）基地实践

基地实践是开展创业实践活动的最终目标，即通过举办创业竞赛孵化创新企业，进而带动就业。实践基地有校内实践基地和校外实践基地之分，这样能满足不同学生社团创业的需求。除此之外，创业实践基地所获取的盈利收入还可作为经费回流到创业实践活动的融资环节，进而为创业实践活动的可持续发展提供保障。

三、产学研培养模式

（一）技术服务与技术咨询模式

在产学研培养模式中，技术服务与技术咨询所发挥的作用较为关键。高等院校始终在技术服务与技术咨询活动过程中占据主体地位，而客体即企业。所谓技术服务，主要是指高校为了对产品成本进行控制，不断进行生产工艺改造，确保生产效率得到提升，进而与企业开展的相关服务类合作。而技术咨询主要是指高等院校在特殊工程设定过程中，通过开展技术分析、调查等活动，与企业开展的技术咨询类合作。技术服务与技术咨询模式主要运用于产学研结合的初级发展阶段。虽然其不具备较高的科技含量，也不会对地区经济发展起到关键的作用，但从实际发展状况来看，该模式有助于利用高校所具备的科研资源，更好地为地区经济发展提供服务，因此，其属于基础合作模式的范畴。

（二）技术转让模式

技术转让模式以主体的技术成果为核心，其表现形式如下：其一，高校在科研活动开展阶段不断形成相应的研究成果，为校企合作创造良好的条件；其二，高校结合企业市场需求，完成相应研究课题，使相关科研成果有效应用于企业生产。

作为高新技术产业化先头军的技术转让模式，有显著的松散性。从发展状况来看，此种模式在全球范围内的成功实施率始终低于其他模式。之所以存在这种现象，主要原因在于企业不具备较强的技术转化力量，同时不能保持较高的技术吸引力。此外，在技术转化过程中，自身承担相对较高的风险，虽然投资回报率较高，但失败率也大。从研究结果中我们能够看到，在科研成果产品化过程中，资金需求量较大，而我国一部分中小企业无法提供该部分费用。从环境角度分析，我国暂未构建健全的知识产权保护机制，相关因素已经对产学研合作发展造成不良影响。所以，地方本科院校单纯依靠技术转让模式无法确保产学研合作发展目标能够完全实现。

（三）合作开发模式

合作开发模式属于较为典型的产学研合作形式，其成功率明显高于技术转让模式。通常情况下，合作开发模式包括高等院校与企业共同开发、企业委托高校开发两种类型。其中，第一种需要企业与学校共同合作，在不断进行资源投入的基础上，实现发展；第二种是企业结合自身发展需求，委托学校进行技术、工艺、材料等的研发工作。

随着社会不断地发展，企业、高等院校、科研机构联合发展的趋势较为显著。大部分经济主体都希望自身竞争能力得到提升，而通过合作开发或委托开发方式，资源优势效用能够充分发挥出来。

日本所采用的发展模式即典型的合作开发模式。其具体表现如下：第一，针对某一个领域，企业和高校利用课题和项目开展合作；第二，实力较强的高校与科研机构、政府、企业研发中心等联合开展研究活动。高校提供研究场所，企业提供相关资金，相关研究成果所产生的收益由企业和高校共享。

（四）校办企业模式

校办企业模式主要是指综合竞争能力较强的高等院校利用自身优势，完成科技型企业建设，继而确保自身所具备的研究成果能够有效转化，共同为实现产学研一体化发展目标创造良好的条件。

校办企业在高等院校内部创建产学研合作模式，为高等院校科研成果转化创造了良好的基础条件。此种模式的优势体现在以下三个方面：第一，能够提升科研成果转化速度，为社会发展作出贡献；第二，在高等院校与社会之间起到良好的桥梁作用，同时有效弥补高等院校自身存在的不足；第三，通过开展校企合作活动，解决高等院校科研资金不足和毕业生就业难等问题。

（五）科技园模式

科技园模式以科研型高校为核心，主要发展目标即实现科学成果的有效转化，并进行创新型人才培养。其将高等院校智力资源与社会的优势资源有效结合，为产学研合作打造良好的平台，使两者共同保持良好的科技创新发展状态。

从内涵角度分析，其主要包含以下几方面功能：第一，促进科研成果的成功转化。作为主要的技术创新基地，科技园是企业的主要孵化器，大学科技园的核心功能是科研成果孵化。第二，对于整个区域发展而言，科技园主要发挥桥梁作用，能够促进整个创新系统快速发展。由于科技园拥有较强的科研能力及自主创新意识，在一系列优惠政策作用下，科研企业团队创新力量也将得到提升，最终通过科技园的孵化功能，为企业发展打下坚实的基础。第三，提高创新人才集聚力。人才在科技园发展过程中所发挥的作用较为关键。科技园在大部分发展阶段都离不开科研人才，同时对销售、管理等类型人才也会产生相应需求。政府应采取有效措施，将高校和企业集聚在一起，充分发挥双方各自的效用，为社会经济发展作出巨大贡献。

四、校企合作模式

（一）基于产业园的校企合作模式

基于产业园的校企合作模式主要是指高等院校在学院教学用地领域建设满足要求的产业园，地方政府批复后，利用相关政策吸引相应企业，打造完善的校企合作平台，并以该平台为核心，共同开展集生产、教学、培养、服务于一体的校企合作办学活动。从主体角度分析，此模式包含了政、行、企、校四个主体。政府主要发挥政策引导、资金支持等方面的作用；行业主管单位主要发挥桥梁及支持作用；高等院校与企业作为实施主体，承担发展责任。

以产业园为核心的校企合作条件包括地方政府的支持。在高等院校建设产业园，如果离开地方政府的支持，该目标将无法实现。政府所发挥的支持作用体现在以下方面：对产业园建设及时批复；制定相关政策，对产业园发展给予政策性支持；拨付启动产业园项目资金等。我们可以这样理解，政府支持是实现产业园建设目标的基础条件。

入驻产业园的企业应该是与高等院校的主体专业相符的、具有一定经济实力并有发展前景的企业。高等院校建立产业园的最终目标是有效弥补学校在科技研究过程中所存在的资金不足的短板，同时可以为企业培养技术技能型人才。所以，产业园在引进企业过程中，需要注重与高等院校主体专业的一致性。不仅如此，由于教育自身带有显著的滞后性、长效性，教育活动对经济社会的反应也是带有一定滞后性的，所以，入驻企业要在行业领域占据优势地位，如技术水平较高、产品市场占有率较高等，这些企业带有一定的核心价值，能推动教育发展。

（二）集团公司主导下的“双师”团队共建模式

集团公司主导下的“双师”团队共建模式即与大型国有企业进行合作的模式。集团公司对子公司进行战略、人事、股权、制度等方面的安排，结合实际发展状况，完成相应规章制度建设，主导企业与高等院校之间开展的“双师双向”交流活动。我们可以这样理解，该模式自身带有显著的校企合作发展特征，能够使我国一些高等院校教师队伍存在的“双师”素质较弱、“双师”结构不尽合理等问题得到解决。在此模式下，集团公司的核心任务是打造校企合作平台，同时确保自身的管理职能充分发挥出来。校企合作以集团公司发展规划、战略目标为核心，制定相应发展制度，同时根据年度目标任务，将相关指标进行有效划分，将子公司合作任务完成状态作为年度绩效考核内容，进而对校企合作发展起到关键的作用。集团公司所属企业和院校以集团公司下达的目标任务和自身的发展需求为核心，逐步开展相关合作活动。

该模式自身带有一定的计划经济特征，在相关发展阶段，需要以集团公司为核心，将市场需求与发展导向有效结合起来，同时避免对政府产生较大的依赖性。简单地看，即外部政策环境往往不会对该模式的实施产生直接性影响，合作动力主要来自集团公司、子公司、高等院校已经达成的利益共识。与计划经济体制下行政命令形式的校企合作相比较，该模式的核心差异体现在以下方面：受计划经济体制影响，校企开展合作应服从命令，无条件地完成相关主管部门下达的指标，同时不需要考虑经济效益因素，只要完成上级下达的指标就算完成任务。进入市场经济发展阶段后，集团公司是现代企业的高级组织形式，是以一个具备强大投资功能的企业为核心，以多个存在资本、资产、技术等关联关系的企业为外围层，通过产权安排、人事控制、商务协作等纽带所形成的一个稳定的多层次的经济组织。集团公司的整体权益主要是通过明确的产权关系和集团内部的契约关系来维系，核心是实力雄厚的大企业。集团公司的该类特征使其能够利用统筹规划、政策引导等方式完成相应平台建设，进而为校企合作发展创造良好的基础条件。但从实际发展状况来看，校企合作关系能否构建，与双方利益需求是否满足息息相关。在校企合作中，集团公司未必始终站在主导发展地位，如果不能为子公司发展提供良好的服务，则校企合作关系不会长久。

集团公司主导下的“双师”团队共建模式包括集团公司、子公司、学校三个主体。这三个主体的关系很像是“父与子”“兄与弟”。集团公司在相关合作发展过程中，始终扮演“家长”的角色，在相关政策作用下，最终实现统筹规划发展目标。

（三）校企共建学生工作室模式

校企共建学生工作室主要以人才培养为核心，通过开展多样性校企合作活动，满足资源共享的需求。在整个过程中，参与主体自负盈亏，各自承担相应的发展责任。通常情况下，企业负责提供项目和生产经验；高等院校负责将企业的生产项目变成学习项目，打造健全的项目教学体系，为实现相关教学目标做好充分准备。在设计项目教学体系时从岗位或职业的需求角度入手。在开展实践教学活动阶段，学校采用合作公司的真实项目，既强调实际操作，又加强技术的开发与训练。整个过程将高等院校、企业所具备的资源优势充分发挥出来，为满足相关人才培养需求做好充分准备。具体发展过程需要以工作室建设为核心，逐步确保相关发展目标实现。整个过程以学生为主体，通过真实项目的完整开发来进行实际演练，教师充分发挥自身所具备的辅助作用。开展学生工作室教育的最终目标是对学生的技术与创业能力进行有效培养。所以，在开展相关教学活动阶段，教师需要对以学生为主体的发展理念形成认知，通过放手、放权等，使学生自身的开发能力得到有效培养，共同为实现相关工作室发展目标创造良好的基础条件。

同时，企业要积极参与发展过程，项目是否真实直接决定企业参与的积极程度。在相关发展阶段，企业应当选派专业人员对项目进行指导，同时将更多的项目成果有效转化到实际生产发展阶段。

五、联合办学模式

联合办学模式是指国内学校与国外教育机构在学科、专业、课程等方面合作，开展以我国在籍学生为主要对象的教育教学活动。对参加该类项目的学生，国内所在院校颁发毕业证书和学位证书，国外教育机构颁发学位证书。中外联合办学是现代大学面向世界发展的一种办学理念，是高等教育培养国际化优秀人才的一种先进的教育思想。

（一）特许办学模式

特许办学模式指一国的教育机构授权本国或者第三国的教育机构使用授权者的品牌，在他国开设授权教育机构的课程，并具有授予学位的资格。特许办学主要有两种类型：一种是发展中国家积极寻求与发达国家的机构或大学合作办学，另一种是发达国家的大学之间合作办学。我国采用的特许办学模式属于前一种，通常由发达国家大学提供课程和指导，我国大学提供校区、教学设备和教师等。

（二）海外分校模式

海外分校模式指某国一个已成立的公立大学、私立非营利大学或私立营利大学在他国建立一个分校，向第三国或者海外学生提供课程并授予学位。上海交通大学海外教育学院 AIC 软件分院是上海交通大学海外教育学院与日本最大的综合教育机构——鸥州教育集团合作设立的职业训练学校。鸥州教育集团本部设在日本广岛，为了满足日益增加的日资企业软件人才需求，与上海交通大学海外教育学院合作设立了上海交通大学海外教育学院 AIC 软件分院。

（三）联合课程模式

联合课程模式即两个或两个以上教育机构联合开发课程或者教学项目，真正实现教育资源的优化配置。

1.“4+0”模式

“4+0”模式是指学生 4 年全在国内高等院校就读，即不出国留学。由于学生 4 年学习全在国内，在熟悉的环境下接受中西结合式的教育，所以不会产生陌生感和不适应感。学生在 4 年就学期间所花费用不到国外的 1/4，这为降低学习成本提供了可能。

2.“2+2”模式

“2+2”模式是指学生不仅要在国内高校完成 2 年的学习任务，还要到国外的合作院校进行为期 2 年的学习。“2+2”模式避开了外方合作院校的课程引进、教师引进等相对复杂的问题，可以快速开展合作，所以目前这种模式在一些地方本科院校盛行，成为中外合作办学中应用较为普遍的模式。“2+2”模式要求学生具有本科学籍，学生毕业后可以拿到教育部颁发的文凭和外方合作院校颁发的文凭。

3.“3+1”模式

在中外教育机构合作模式中，近些年走俏的是“3+1”人才培养模式，即学生大学一、二年级时在国内学习专业课，打好语言基础，三年级时派往国外实地学习一年，以提高语言实践能力和跨文化交际能力，四年级时再回到国内学习一年专业课程（毕业后只拿教育部颁发的文凭和学位）。

第二节　地方本科院校国际化人才培养模式分析

一、地方本科院校国际化人才培养模式的设计原则

地方本科院校国际化人才培养模式设计的总体原则应以实现地方本科院校国际化人才培养目标为根本。地方本科院校国际化人才培养目标：适应社会经济发展的需要，培养大批专业基础扎实、具有国际视野、熟悉国际规则和惯例，并具备较强的环境适应能力和国际交流能力的复合型人才。为实现这一目标，地方本科院校国际化人才培养模式的设计应遵循以下几个原则。

（一）国际合作原则

行业要想走向世界，就需要国际化人才，而地方本科院校国际化人才培养需求的广泛性和复合性，仅依靠国内教育资源的支持是远远不够的，还应同国外合作，充分利用国内、国外的优势资源培养输出型人才和本地化人才。地方本科院校在与国外合作培养人才时，可以更好地了解当地的法律法规和政治、社会文化，为目标国培养本地化人才，增强目标国的认同；同时，目标国的学生也可以来中国留学，加深两国民众间的感情。

（二）校企协同原则

地方本科院校是国际化人才培养的主体，企业不仅是国际化人才的需求者，还是国际化人才培养的重要参与者。地方本科院校应充分利用校企双方的优势，培养专业理论扎实和实践动手能力强的人才。地方本科院校采用校企合作的方式，有利于了解企业的人才需求，培养出企业需要的人才，避免与社会脱轨。

（三）灵活机动原则

地方本科院校国际化人才的培养是一项长期、复杂的系统工程，涉及不同地域、不同类型、不同层次的国际化人才的培养。针对地方本科院校国际化人才培养需求的广泛性，在人才培养模式的选择上，地方本科院校应不拘泥于单一固定的人才培养模式，而采用多样化、开放式的人才培养模式；紧密把握

“走出去”在不同时期和阶段的特点，结合培养对象的实际情况，有针对性地选择培养的新途径、新模式和新方法。

（四）快速响应原则

由于现有的人才培养模式在培养目标、培养过程等方面存在着诸多弊端，造成地方本科院校国际化人才的供应不足，因此，地方本科院校应该积极响应国家战略，改革创新人才培养模式，做好人才培养和储备工作，满足社会对国际化人才的需求。

二、地方本科院校国际化人才培养的主要模式

（一）校校互派学生模式

中方学校和外方（目标国）学校有规划地调派学生到对方学校学习并完成规定的课程和培养计划，取得双方互相承认的学分。其不但有利于学生在跨文化环境下获取国际知识和技能，开阔国际视野，熟谙目标国的社会文化、风俗习惯等方面的知识，还有利于增加我国学生与外国学生交流、沟通的机会。其合作前提是双方高校互相承认对方的学分，这有利于激发中外学生跨国学习的积极性。其主要采用分段合作的模式进行，主要有“2+1”“2+2”“3+1”“1+3”“1+2+1”等类型，如“2+2”指在国内学习 2 年，然后到国外再学习 2 年，当然，也可以是先在国外学习 2 年，然后在国内学习 2 年；“1+2+1”指在国内学习 1 年，然后到国外学习 2 年，最后回到国内学习 1 年。

（二）校校合办院校模式

目前，校校合办院校模式主要是采用中外合作办学的方式，其基本特征是强强联合，即充分利用双方在人才培养方面的优势和长处培养国际上迫切需要的专业型人才。学院可设置在中国境内，也可设置在中国境外，一般双方各派一名院长，共同制定人才培养方案和构建课程体系，这有利于学生获得双方承认的学分，学生毕业时可获得双学位。目前，部分高校已采用合作办学模式，设置在中国境内的合办学院有北京航空航天大学与法国中央理工大学集团（由法国 4 所中央理工大学组成）联合开办的中法工程师学院，西南交通大学与英国利兹大学联合开办的西南交通大学–利兹学院，郑州铁路职业技术学院与俄罗斯圣彼得堡国立交通大学联合创办的欧亚交通学院；设置在中国境外的合办学

院有北京交通大学与俄罗斯圣彼得堡国立交通大学联合在俄罗斯莫斯科设立的中俄交通学院。

（三）校企双主体培养模式

学校与企业发挥各自资源优势，使理论教学与实践教学紧密衔接、交替进行；学校采用“做中学”等教学模式，让学生与企业零距离接触，学生边学习边以实习员工的身份直接参加企业的运营、管理等工作。

其实现途径包括以下几种。

1.“3+1”模式

“3+1”模式分为专业培养与能力强化两个培养阶段。其中，第一阶段（前3年）在学校进行基础与专业教育，第二阶段（最后1年）校企深度合作，联合制定培养方案，重点强化学生的国际工程素养与外语应用能力。（注：最后1年的教学内容可根据专业性质、学校与企业资源条件以及师资条件等要素合理、灵活安排。）

2.“4+1”模式

“4+1”模式分为工程教育与第二学位教育两个培养阶段。其中，第一阶段（前4年）完成本科教育，学生达到毕业条件后与企业签订“订单式”人才培养协议，第二阶段（最后1年）学生强化商务（法务、外语）知识的学习，完成规定学习内容可授予工学+管理学（法学、文学）双学士学位。

3.“4+2”模式

“4+2”模式分为本科教育与专业硕士教育两个培养阶段。其中，第一阶段（前4年）完成本科教育，之后学生与企业签订“订单式”人才培养协议，在符合国家政策条件下获得免研资格，然后根据企业需要在第二阶段（最后2年）完成管理学（法学、文学）专业硕士教育。

4.“4+2+2”模式

“4+2+2”模式分为本科教育、工作实践、专业硕士教育三个培养阶段。其中，第一阶段（前4年）完成本科教育，之后学生与企业签订“订单式”人才培养协议，在符合国家政策条件下获得免研资格，然后保留学籍赴企业参加2年实践，返校后根据企业需要在第三阶段（最后2年）完成管理学（法学、文学）专业硕士教育。

5.“4+1+1”模式

“4+1+1”模式分为本科教育与专业硕士教育两个培养阶段。其中，第一阶段（前 4 年）完成本科教育，之后学生与企业签订“订单式”人才培养协议，在符合国家政策条件下获得免研资格，然后根据企业需要在第二阶段（最后 2 年）完成管理学（法学、文学）专业硕士教育。在第二阶段，学生利用 1 年时间赴企业开展实践，返校后利用 1 年时间结合实践内容完成硕士毕业论文。

三、地方本科院校国际化人才不同培养模式的优缺点

（一）校校互派学生模式的优缺点

1. 校校互派学生模式的优点

地方本科院校有规划地调派学生到对方学校学习，具有计划性和组织性；在跨文化环境下，我国学生可以接触国外的学生，这有利于提高学生的国际交流能力和跨文化环境适应能力；可以了解目标国的政治、社会文化及法律法规，丰富学生的专业外延知识；有机会出国留学，接触不同的国家，可以带动学生跨国学习的积极性。

2. 校校互派学生模式的缺点

地方本科院校有计划地派遣学生到对方学校学习，说明只有在计划内的学生才可以去国外学习，不在计划内的学生不能去国外学习，这在一定程度上限制了人才培养的数量。采用这种培养模式的前提是学分互认，双方学校应互相承认对方的学分。学生在选择留学高校时有限制，只能选择学分互认的高校，这就减少了与其他国家进行国际交流的机会。

（二）校校合办院校模式的优缺点

1. 校校合办院校模式的优点

校校合办院校模式属于强强联合，充分利用双方在人才培养上的优势和长处进行合作办学，引进外国的教育模式，提高学生的培养质量；积极响应市场需求，培养国际市场上急需的专业人才；双方共同制定人才培养方案，学生毕业时可获得双学位；学生毕业时可选择在国外就业或创业，也可进中外合资企业。

2. 校校合办院校模式的缺点

其对学生的外语水平要求比较高；比本国本科院校的学费贵，只有经济条件好的家庭才能负担起。

（三）校企双主体培养模式的优缺点

1. 校企双主体培养模式的优点

这种模式充分利用校企双方的优势，丰富学生的理论知识，培养学生的实践动手能力；注重学生国际工程素养的培养，提高了对学生的培养质量；学生毕业时可获得双学位，如由工程教育和第二学位教育构成的“4 +1”培养模式，学生毕业时可获得工学 + 管理学（法学、文学）双学位；培养方式比较灵活，有“3+1”“4+1”“4+2”“4+2+2”“4+1+1”模式，学生可以选择自己喜欢的培养模式；与企业接轨，培养企业需要的人才，学生在找工作时具有明显的就业优势。

2. 校企双主体培养模式的缺点

校企双方合作的不确定因素比较多，企业主要以经济利益最大化为中心，在企业利益与人才培养发生冲突时，企业优先考虑的是自身的利益会不会受影响，这不利于学生综合能力的培养。

地方本科院校国际化人才不同培养模式的优缺点比较分析具体内容如表5-1所示。

表5-1　地方本科院校国际化人才不同培养模式的优缺点比较分析

培养模式类型	优　点	缺　点
校校互派学生模式	具有计划性和组织性；能提高学生的国际交流能力和跨文化环境适应能力；能丰富学生的专业外延知识；能带动学生跨国学习的积极性	限制人才培养的数量；择校面窄
校校合办院校模式	强强联合；培养国际市场上急需的专业人才；毕业时可获得双学位；有就业优势	对学生的外语水平要求比较高；学费贵
校企双主体培养模式	有助于丰富学生的理论知识和培养学生的实践动手能力；注重学生国际工程素养的培养；毕业时可获得双学位；培养方式比较灵活；有就业优势	校企合作的不确定因素比较多，难以保证学生综合能力的培养

综上所述，根据输出型和本地化人才的知识能力素质结构要求及三种培养模式的优缺点比较，我们可以发现，对于输出型人才的培养，可以采用校校

互派学生模式、校校合办院校模式和校企双主体培养模式；对于本地化人才的培养，可以采用校校互派学生模式和校校合办院校模式。

第三节　地方本科院校国际化人才培养质量保障

一、影响地方本科院校国际化人才培养质量的因素

（一）人才培养定位

人才培养定位是制约人才培养质量的主要因素。随着社会经济的发展，社会对人才的需求也在发生变化，在社会发展的不同时间段，对人才需求的类型、层次、规格也有所不同，这些变化使人才需求具有多样性和动态性。因此，地方本科院校在制定人才培养目标时，应根据社会对人才的需求，结合自身的实际情况，充分发挥自身在人才培养上的优势和长处，培养出符合社会需要的高质量人才。

人才培养定位明确了人才培养的目标，人才培养定位需要相应的人才培养标准来具体体现。这就需要地方本科院校在明确人才培养目标之后，从知识、能力、素质、结构方面制定相应的人才培养标准。可以说，人才培养标准是人才培养定位的细化。不同地方本科院校应从本校的特色出发，根据人才需求的多样性，制定符合自身实际情况的人才培养目标，形成多样化、多层次的人才培养结构。不同地域、不同类型、不同层次的人才培养目标不同，其培养标准也有所差异。因此，地方本科院校国际化人才培养标准并不是固定不变的，其自身也随着人才培养目标的不同而不断地发展和变化。

（二）专业设置

专业设置是保障地方本科院校国际化人才培养质量的前提条件。专业设置直接决定了人才培养的方向和就业趋势。从提高国际化人才培养质量的角度出发，地方本科院校在设置专业时，应重点考虑以下因素。

1. 国家和社会的需要

地方本科院校应深入调查社会和企业对国际化人才的需求，明确社会和企业需要什么样的人才，企业应将在用人的过程中主要存在的那些问题积极

反馈给相关院校，同时，企业可以对地方本科院校国际化人才培养提一些相关建议。

2. 地方本科院校的办学条件和办学特色

地方本科院校在设置专业时，首先，应根据国际化人才的培养目标明确培养什么样的人；其次，应根据培养目标进行专业分类，考虑培养这样的人需要什么样的办学条件，学校是否已具有这样的条件，能不能培养出这样的人才。针对地方本科院校国际化人才的培养，学校应检视自身是否具备国际化的教育理念、国际化的师资队伍、国际化的课程体系等。

3. 校企合作

地方本科院校应充分利用学校和企业双方的优势，培养出理论知识扎实、实践能力强、具有国际视野的高素质、复合型人才。

（三）培养方案

地方本科院校国际化人才培养的具体方案，是实现地方本科院校国际化人才培养目标的具体计划。学校在制定培养方案时，首先，应将地方本科院校国际化人才培养标准细化为学生知识能力大纲，并开设相应的课程；其次，应根据地方本科院校国际化人才培养标准重新构建相关专业的课程体系；再次，应以课程体系为基础来确定最终的课程目标，并及时地调整和更新教学内容，从而制定新的课程大纲；最后，应从教学内容和教学环节入手，确立合适的教学理念，采用有效的教学方法，高效地完成教学任务，实现地方本科院校国际化人才培养的目标。

（四）课程体系改革

课程体系是人才培养目标和质量保障的中间环节，是保障人才培养质量的纽带。合理的课程体系是实现人才培养目标的关键因素。在课程体系改革过程中，地方本科院校要根据国际化人才培养目标，构建合理的课程体系，其中要涵盖地方本科院校国际化人才培养所需要的各项知识、能力、素质结构。

（五）教学方法

教学方法是教师传授学生知识的方法、手段。教学方法的优劣直接影响学生学习兴趣高低，间接影响人才培养质量高低。我国地方本科院校主要采用传统的讲授方法，这种教学方法使学生被动地接受所讲的知识，忽视了学生的实际需求，教师与学生之间缺少交流与沟通，减少了学生参与课堂互动的机会。为了提高地方本科院校国际化人才的培养质量，我们应采用问题探究式、案例研讨式、项目参与式等多样化的教学方式，注重学生知识、能力、素质的培养。

（六）校企合作

校企合作是提高地方本科院校国际化人才培养质量的关键。校企合作有利于高等院校了解企业的人才需求，避免与企业脱轨；有利于高等院校提高学生的实践动手能力；有利于高等院校及时地反馈人才培养质量，并迅速地发现人才培养过程中的问题，从而尽快地调整人才培养方案，形成一个完整的闭环系统。

（七）师资队伍建设

师资队伍建设是人才培养的重中之重。师资队伍的综合能力直接影响人才培养质量。教师是人类文明的使者，是知识的传播者，通过教书育人来推动社会的发展。承担地方本科院校国际化人才培养任务的教师需具备以下条件：精通一门以上的外语，有良好的国际交流与沟通能力，并具有世界眼光、先进的教育理念以及丰富的国际实践经验。当前，教师的整体水平有待提高，在国际化视野、国际化的教育理念、国际化的交流与沟通能力等方面还有所欠缺。国际化的师资队伍建设需要经历漫长的过程，并不是短时间内就能解决的，因此，地方本科院校应增加教师出国进修的机会或者聘请国外高水平教师到校教学。

（八）学校内部管理与政策机制导向

作为人才培养质量保障的辅助管理系统，要落实学校的内部管理。其主要工作有明确影响国际化人才培养质量的因素，制定地方本科院校国际化人才培养质量保障体系的基本原则，并依据基本原则完善地方本科院校国际化人才培养质量保障体系。

国家制定的相关政策和建立的机制会对国际化人才的培养质量造成一定的影响。地方本科院校国际化人才培养的质量保障工作需要全体教职工、学生等人员的积极参与。这就要求地方本科院校在深入调查和切实结合本校实际情况的基础上，制定相应的策略与方针。在政策机制的导向下，形成全体教职工、学生高度重视质量、追求质量的氛围，从而有效地保障地方本科院校国际化人才的培养质量。

二、构建地方本科院校国际化人才培养质量保障体系的基本原则

为了保证质量保障体系在地方本科院校国际化人才培养活动中充分发挥作用，国际化人才培养质量保障体系的构建应遵循以下几个原则。

（一）目标性原则

构建地方本科院校国际化人才培养质量保障体系的前提条件是要有一个明确的目标。不同的高等院校对人才培养质量的要求不同，地方本科院校应在充分了解本校的特色和社会、企业对人才需求的基础上，恰当地制定地方本科院校国际化人才培养目标。地方本科院校要以既定的目标为指导，组织协调各种资源和力量保障国际化人才培养的质量。

（二）全员参与性原则

地方本科院校国际化人才培养质量保障工作需要全体教职工及学生共同参与，他们都是质量保障工作的主体，分别在不同的岗位上为地方本科院校国际化人才培养质量保障发挥着不同的作用。在此基础上，地方本科院校还应聘请教学、管理经验丰富的专家参与国际化人才培养质量的监督和评价，以保证质量评价结果的客观、公正。

（三）可行性原则

可行性原则是指地方本科院校国际化人才培养质量保障体系的构建是否符合学校的实际情况，实施条件、方法、手段是否可行，可能遇到的困难有哪些，怎么解决。这些问题都要在构建地方本科院校国际化人才培养质量保障体系时考虑清楚，否则，构建的质量保障体系就如同一纸空文。

（四）灵活性原则

地方本科院校国际化人才培养质量保障体系建立之后并不是不可以更改。在运行过程中，地方本科院校应根据实际的运行情况及时地调整国际化人才培养质量保障体系。同时，地方本科院校应根据社会、企业对人才的需求和专业领域的新发展对国际化人才培养目标进行调整，确保培养出来的人才能快速满足社会、企业的需要。

三、构建地方本科院校国际化人才培养质量保障体系

（一）构建地方本科院校国际化人才培养的质量标准体系

确立什么样的培养目标决定培养什么样的人。人才培养目标是人才培养活动的首要出发点，也是最终的落脚点。培养目标不仅会影响培养方案的制定，还会影响培养质量标准的确定。在高等教育“走出去”战略背景下，地方本科院校在充分了解社会、企业对国际化人才的需求后，应结合本校的办学条件，制定合理的地方本科院校国际化人才培养目标，并充分利用国内、国外的优质教育资源，培养高质量的国际化人才。地方本科院校还可根据人才培养目标确定相应的人才培养标准，并按照不同层次、不同类型人才的培养标准制定人才培养的质量标准，这个质量标准就是质量保障的目标。这些培养目标和质量标准构成了地方本科院校国际化人才培养的质量标准体系，它是地方本科院校国际化人才培养质量保障工作的行动指南。

（二）完善地方本科院校国际化人才培养的教学保障体系

1. 国际化课程的设置

国际化课程的设置是地方本科院校培养国际化人才的基础性工作。国际化课程的确立有以下数种形式：一是增加国际方面的课程，开设国际化人才培养所需的国际商务、国际通行规则、小语种、目标国社会文化与风俗习惯等方面的课程；二是召开国际会议，邀请国外的专家、学者讲授各国的政治经济和基本国情等方面的知识；三是开展讲座，可以请有国际经历的教师、海外企业员工介绍所了解国家的一些相关信息；四是开设小语种课程，请国际处的教师对相关专业的学生开设小语种课程，如德语、意大利语、葡萄牙语、老挝语等。

2. 国际化的教学内容

我国地方本科院校国际化人才培养使用的教材和参考资料以中文居多，国外教材和参考资料不多。为了提高地方本科院校国际化人才培养质量，应将本学科领域的最新知识引入教学内容中，同时引进国外优秀的教材，甚至是国外经典的原版教材。在此基础上，把过时的教材淘汰掉，及时编写新的教材。使用国外原版教材进行教学不仅有利于提高学生的外语水平，还有利于学生获取国际知识，开阔他们的国际视野。

3. 国际化的教学方式

众所周知，教学方式会直接影响学生听课的兴趣，所以，教师在选择教学方式时，应以学生的需求为中心。在我国，传统的讲授方法在教学中仍占很大比重。这种教学方式致使学生学习的积极性不高，只是被动地接受，对问题的理解不透彻。教师可以采用案例研讨式、问题探究式、项目参与式等灵活多样的教学方式，激发学生学习的积极性，提高学生主动参与课堂活动的兴趣，使学生变被动学习为主动学习。另外，教师可以把一些优质课程资源放在网上或者共享其他著名院校的网络课程，学生可以在网上寻找自己所需要的课程，这样学生在线上和线下都可以学到知识，增加了学习的机会，且可以自由地选择学习时间。

4. 师资队伍的建设

教师在地方本科院校国际化人才培养过程中起着重要的作用，教师的综合能力是影响地方本科院校国际化人才培养质量的关键因素之一。对于地方本科院校国际化人才的培养，关键是要有一支国际化的师资队伍。国际化师资队伍的建设可通过以下途径进行：自我培养和公开招聘。首先，地方本科院校可采用自我培养的方式，鼓励教师到国外著名大学进修或者到跨国企业参观学习，也可以对教师进行培训，提高其国际化方面的能力；其次，地方本科院校可进行公开招聘，即在全球招聘符合国际化师资要求的教师或专家。

5. 改善教学基础设施

地方本科院校在培养国际化人才的过程中，除了要求学生学习理论知识，还要强化学生的实践动手能力。教学基础设施的建设直接影响到地方本科院校对国际化人才综合能力的培养，所以，地方本科院校应改善教学基础设施，尤其是实践基地，以保障学生在知识、能力、素质方面的发展。实践基地可由学校出资建设，也可以采用校企合作的方式，由学校和企业共同建设。

（三）建立多元化的地方本科院校国际化人才培养的质量评价体系

质量评价体系是指使用某种方法或手段对地方本科院校国际化人才的培养质量进行评估，评估其人才培养质量是否达到质量标准。在多元化的质量评价体系中，学校、社会、第三方机构都可以作为评价主体。学校作为评价主体，有利于学校更好地了解本校人才培养的概况，总结经验，发现其中的不足，从而更好地改进。学生最终要走向社会，由社会对其进行评估，评价其是否符合用人单位的要求。第三方机构是个独立的机构，对人才培养质量评价的结果比较客观、公正，具有可信性。

（四）构建地方本科院校国际化人才培养的质量反馈体系

质量反馈体系是将地方本科院校国际化人才培养的质量评价的相关信息及经过分析提出的相关建议，通过一定的途径反馈给地方本科院校，为学校完善国际化人才培养体系提供参考和建议。地方本科院校再将建议传达给国际化人才培养的各位参与者，由他们研究并确定通过什么方式提高国际化人才培养的质量。质量反馈体系的构建有利于参与者及时发现质量管理活动中的问题，并进一步采取相应的措施进行改进，有利于不断提高地方本科院校国际化人才培养的质量。

师资队伍篇

第六章　地方本科院校人力资源开发研究

第一节　地方本科院校人力资源开发概述

一、人力资源的认识

（一）人力资源的概念

彭朝晖等人在论述人力资本与中国区域经济差异时借用了彼得·德鲁克（Peter F. Drucker）对人力资源的观点，即和其他资源相比较而言，主要区别就是它是人，并且是经理需要考虑的具有“特殊资产”的资源。他认为，人力资源拥有当前其他资源所没有的素质，即协调能力、融合能力、判断力和想象力。[①] 自德鲁克提出“人力资源”一词以来，学者从各个学科不同角度对其下了很多定义。笔者认为，人力资源的定义应该考察德鲁克的原意并结合资源的经济学本质，即人力资源是指已经投入和即将投入社会物质财富和精神财富创造过程的，具有体力劳动和脑力劳动能力的人的总和，主要由现实的人力资源和潜在的人力资源构成。之所以这样定义，是因为我们想强调以下几点：人力资源是一种活跃、宝贵的资源，它既是一种天然资源，又是一种再生资源；人力资源是社会财富创造过程中的一项重要因素，离开了人力资源，就无所谓社会生产，也就无所谓社会财富的创造。

---

① 彭朝晖，杨开忠．人力资本与中国区域经济差异 [M]. 长春：吉林出版集团股份有限公司，2016：60.

（二）人力资源的特点

人力资源是在社会生产中比较基础、比较重要的资源。与物质资源、经济资源和信息资源相比，其有着独特之处，主要表现在以下几个方面。

1. 人力资源的能动性和智能性

物质资源、信息资源等在开发过程中处于被动的状态，人力资源则不同，它具有能动性，主要表现在人的自我强化、选择职业和积极劳动三个方面。人力资源能动性在人的自我强化方面表现为人通过学习能提高自身的素质和能力；人力资源能动性在选择职业方面表现为人通过市场调节，选择适合自我发展的职业；人力资源能动性在积极劳动方面表现为人在劳动的过程中，通过激发自我的潜能，积极劳动。人力资源的智能性主要表现为劳动者通过自己丰富的知识，增强能力，创造工具，从而创造出大量的物质资源。尤其是在科技、信息技术快速发展的今天，人们的视野越来越开阔，知识智能不断发展，使人力资源的智能性有着巨大的发展潜力。

2. 人力资源的时效性和连续性

时效性是指物质形态在一定时间上的效用。对于人力资源而言，其有培养期、成长期、成熟期和老化期；而能够从事劳动的自然时间又被限定在生命周期的中间一段，并且不同年龄段的人从事劳动的能力不尽相同。因此，人力资源开发要注意时效性，使之形成、开发、分配和使用处于一种动态的平衡之中。人力资源具有连续性的特点，主要表现在以下方面：人工作以后，可以通过不断学习更新自己的知识、提高自己的技能；人通过工作还可以积累经验，不断地充实、提高自己，实现人力资源的自我补偿、自我更新，保持潜能的持续开发。这就要求人力资源的开发要注重终身教育，加强后期的培训与开发，使人的知识水平和能力都得到提高。

3. 人力资源的经济性和非经济性

人力资源的经济性主要表现在两个方面：一是人力资源是从事社会生产活动的主体，即生产者；二是人力资源是社会生产成果的消费主体，即消费者。人力资源进行生产的目的是在生产过程中追求经济利益，以换取生产之外的消费活动。反过来，人力资源的消费活动也使得社会生产活动得以延续。因此，人力资源的消费，如投资于教育、卫生健康的消费，最终是为了提高人力资源的质量，为社会创造更大的经济效益。

人力资源的非经济性主要表现在人作为生产要素的供给者，除了追求经济利益，还有非经济性方面的考虑，比如，人的职业选择、社会地位、工作的稳定性、晋升机会、工作条件、个人兴趣爱好等。尤其是在经济水平比较高的当今，非经济性利益对人才的影响越来越大。因此，在人力资源开发过程中，要兼顾经济性和非经济性因素，而非经济性因素对保证人才的稳定和经济的发展都具有重大意义。

二、地方本科院校人力资源的概念和特点

（一）地方本科院校人力资源的概念

从广义上讲，人力资源是推动社会发展的个体。人力资源是全社会劳动力中的精华，指能够运用脑力解决当下科学前沿问题的人才。学术界对高等院校人力资源结构有各种分法，一般将地方所属的高等院校人力资源分为三个部分：科研人员、行政人员和后勤人员。广义的地方本科院校人力资源是指在学校中从事生产活动的人群，不仅包括专业教师、科研人员、行政人员，还包括离退休人员和后勤人员等。狭义的地方本科院校人力资源主要是指对教育事业产生直接影响的在职教师、科研人员，他们可以直接作用于经济和社会发展，具有较强的教育和科研能力，这部分人是地方本科院校的人力资源管理重点，是学校人力资源的核心。①

（二）地方本科院校人力资源的特点

地方本科院校人力资源是人力资源的一部分，除了具有人力资源的一般特点，还具有其自身的一些特殊性，主要表现在以下几个方面。

1. 自主意识强

地方本科院校是人才集聚地，其教学、科研和管理人员都具有很高的知识资本，在组织中也具有很强的独立性和自主性。他们倾向于拥有宽松的工作环境。他们不仅不愿意受制于物，还无法忍受上司的指挥，更强调工作中的自我引导。这就要求组织内部的气氛要相对和睦和融洽。

2. 成就动机强

地方本科院校的教学、科研和管理人员都把自己定位在较高的层次上，他们很注重自身价值的实现，并期望得到社会的认可。他们热爱教育事业，热衷于教学和科研工作，有坚韧不拔的钻研精神。他们把完成具有挑战性的工作

① 彭莉萍. 地方本科院校人力资源管理中存在的问题及解决对策 [J]. 人才资源开发，2019（10）：23-24.

当成一种乐趣，并且比较看重工作过程中获得的满足感。

3. 流动意识强

在知识经济时代，物质资源的重要性已经被人力资源所取代。在教学、科研和管理岗位上工作的人员具有丰富的知识和经验，他们不担心自己被解雇，却为了自我价值的实现，流动到更能体现自我价值的地方，如到有更好的待遇、更好的教学科研设施、更具有自我发展空间的高校去。

4. 混合式的需求

随着经济的快速发展，地方本科院校教学、科研和管理人员的薪金、福利得到了大幅度提高，在生存层次的需求得到基本满足之后，他们的需求已向更高的层次发展，如精神需求和目标需求等。而这些需求更加注重教师个人价值的实现、社会的认可、同等的晋升机会以及创造价值后的成就感等。因此，从某种意义上讲，地方本科院校教学、科研和管理人员的需求模式是混合型的，是精神需求、物质需求和目标需求共存的混合型模式。

三、地方本科院校人力资源开发的界定

（一）地方本科院校人力资源开发的概念

地方本科院校人力资源开发是指地方本科院校通过多种有效的方法、手段提升组织范围内具有现实或潜在劳动能力的教职工的工作能力，提高其业务水平，使其潜能得以充分发掘、素质得以有效提高、劳动能力得以合理利用，从而提高人力资源质量、优化人力资源结构，使地方本科院校获得最佳的社会经济效益的活动。它不仅包括传统的人事管理，人力资源政策的制定和执行，以及对教职工的选拔和聘任，还包括主导师资的教育、培训、职业生涯规划等。它是一个积极主动的、具有战略性和前瞻性的活动。

（二）地方本科院校人力资源开发的重要性

1. 地方本科院校人力资源开发是国家发展的需要

国家和地方高度重视人力资源的开发，教育部“长江学者奖励计划”以及各地区根据发展需要出台的相关政策等都推动了科技创新和社会的发展，在国内外学术交流、创新人才培养、地方本科院校人才队伍建设方面都取得了明显成效。地方本科院校是国内主要人力资源的集结地，也是人才培养的主要机

构。而且，地方本科院校有丰富的教师资源，这些教师承担着知识创新和服务社会的重要任务。因此，地方本科院校人力资源的开发程度，将直接影响人才培养的质量、知识创新的速度以及社会发展的程度等。由此可见，地方本科院校人力资源的开发顺应了时代发展的潮流，是国家发展的需要。

2. 地方本科院校人力资源的开发是学校发展的需要

随着社会主义市场经济体制的逐步完善，地方本科院校之间的竞争也逐渐加剧，引进高层次的人才，开发现有的教师资源，将成为实现地方本科院校发展战略目标和获取竞争优势的主要因素。中国著名学者、前中国科学技术协会副主席杨福家撰文谈到一流大学的建设时，强调高质量的师资队伍对于办好一所大学是很重要的，一流大学要拥有一流的人才，即要拥有一流的教师队伍。而建设这样的一支队伍，需要对现有地方本科院校教师资源进行开发。因此，地方本科院校人力资源的开发，是学校增强竞争优势和不断获得发展的需要。

3. 地方本科院校人力资源开发是教师职业发展的要求

地方本科院校应不断提高现有人力资源的质量和水平，以更好地适应当今社会发展、科技和经济发展对高等教育的新要求。地方本科院校教师作为智力型劳动者，主要任务是知识传授和科研创新。这就要求地方本科院校教师掌握先进的知识，而先进知识的掌握需要教师不断地学习和培训。因此，地方本科院校要不断地给予教师学习、培训的机会，组织适合教师职业发展的人力资源开发活动，使教师的职业发展目标与本校的发展相协调，从而达到双赢的目的。

第二节　地方本科院校人力资源开发现状——以陕西省地方本科院校为例

随着 1999 年高校扩大招生，特别是党的十六大明确提出 21 世纪头 20 年全面建成小康社会的奋斗目标后，我国高等教育发展处于一个重要战略机遇期。陕西省是一个高等教育大省，地方本科院校的数量和质量以及学校的教师数和学生数在全国都占有一席之地，而且本省地方本科院校的种类及师资层次也不尽相同。陕西省能具体反映目前我国地方本科院校的整体情况，适合作为典范加以研究。

一、陕西省地方本科院校人力资源的数量和质量

2020年，在陕西省委、省政府的坚强领导下，全省教育系统坚持以习近平新时代中国特色社会主义思想为指导，全面贯彻党的十九大和十九届二中、三中、四中、五中全会精神，深入学习贯彻习近平总书记关于教育的重要论述、全国和全省教育大会精神以及党的教育方针，加快推进教育现代化，建设教育强省，办好人民满意的教育，各级各类教育事业发展取得了新进展。陕西省人民政府信息行业公报《2020年陕西省教育事业发展统计公报》数据显示：全省共有各类高等教育学校110所。其中，普通高等学校96所，比上年增加1所，成人高等学校14所；普通本科院校57所，与上年持平；高职（专科）院校39所，比上年增加1所；全省普通高等学校教职工110 130人，比上年增加2213人，增长2.05%；专任教师73 436人，比上年增加3118人，增长4.43%。普通高等学校生师比19 ∶ 1，具体内容如表6-1所示。

表6-1　2020年陕西省普通高等学校人力资源情况统计

项　目	数　量 / 人	增长比例 /%
专任教师	73 436	4.43
教职工	110 130	2.05

二、陕西省地方本科院校教师的职称结构

职称结构是指教师队伍中具有不同专业技术职称的教师的组合方式和状态，是教师队伍实力的重要标志。陕西省人民政府信息行业公报《2020年陕西省教育事业发展统计公报》数据显示：2020年，陕西省普通高等学校专任教师7.34万人，其中正高级专任教师1.03万人，副高级专任教师2.36万人，中级专任教师2.85万人，初级专任教师0.70万人，无职称专任教师0.40万人，分别占本省专任教师总人数的14.03%、32.15%、38.83%、9.54%、5.45%，具体内容如表6-2所示。

表6-2　2020年陕西省高校专任教师职称结构

专任教师职称	专任教师数量 / 人	所占比例 /%
正高级	10 300	14.03
副高级	23 600	32.15
中级	28 500	38.83
初级	7000	9.54
无	4000	5.45

第三节　地方本科院校人力资源开发思路

一、加强科学预测与进行全面规划

人力资源开发战略既要具有前瞻性、可操作性，又要具有统一性、灵活性。要想制定好的人力资源开发战略，既要把握好未来社会所需人才的时代背景，又要立足于地方本科院校实际；既要具有配合性，又要具有博弈性。因此，地方本科院校在具体研究与规划人力资源开发战略的过程中，应该注意以下几点。

（一）确定开发目标

地方本科院校所确定的人力资源开发目标，应包括水平目标、方法目标与管理目标。开发目标的制定要注重策略性、针对性、前瞻性和科学性，使发展目标与未来社会发展主流要求和趋势保持一致。策略性是指地方本科院校人力资源开发中的政策和方法制定要讲求策略，思考如何实现人力、物力的最佳分配与组合；针对性是指目标的指向性要明确，不能模棱两可；前瞻性是指要着眼于未来的战略目标，要在实际的基础上提出开发的要求、创造开发的条件、制定开发的措施；科学性是指目标的确立要在符合高等教育开发基本规律的前提下，同时注重对实施目标方案的科学思考。①

① 万光彩，张霆．地方本科院校人才培养目标定位分析 [J]. 大学（研究版），2016（7）：46-53.

（二）制定开发战略

地方本科院校要基于自身的核心竞争力和优势来制定开发战略。制定开发战略的基础之一是战略诊断，战略诊断的重点是要认知自身的核心竞争力，因此要先对学校的现状作出分析。现状分析要求学校找准目前人才培养中存在的问题，同时要求学校对自身的优劣有清醒的判断。现状分析一般从学校教学、课程设计和学生管理等领域入手，分类统计有关数据，并在此基础上对学校的招生质量、教学研究水平、人才市场竞争力和人才培养的特色进行纵向和横向分析，从而获得对学校人才培养核心竞争力的水平、阶段和发展要素的准确认知，获得对学校竞争优势的准确认知。地方本科院校在制定开发战略的过程中，要提升核心竞争力，同时坚持有所为、有所不为，要出奇制胜，充分发挥自身的优势。

（三）形成竞争优势

地方本科院校要把形成并维持竞争优势作为人力资源开发的出发点与归宿，一个好的人力资源开发战略应该有助于地方本科院校的发展与竞争优势的长期保持。世界一流大学是在长期的竞争中脱颖而出的，而不是自封和他封的。在公平竞争中，地方本科院校在某些方面的优势会体现出来，并为社会所公认。为了保持并扩大这种优势，各地方本科院校应积极参与竞争，不能有丝毫怠慢，否则高等教育的发展也就因此而没有活力。美国出炉的大学排行榜在大学发展中所起的作用充分说明了形成竞争优势的重要性。在过去，我国高等学校的地位主要是由政府决定的，地方本科院校的优势地位更多地处于政府政策倾斜和特权保护下。21 世纪，随着高等教育全球化、国际化进程的加快，在高等教育发展中引入竞争机制，培植国内竞争市场已成共识。无论是从迈向世界一流的角度出发，还是从规范竞争、提高高等教育整体水平的角度出发，各地方本科院校都应在公平有序的竞争环境中成长，并努力形成自身的办学竞争优势。而地方本科院校的发展与竞争优势保持的关键，在于它所培养的人才在未来社会中的发展能力与竞争优势。要做到这一点，就应了解地方本科院校人才培养的现状、问题与历史，尤其需要关注社会与高等教育发展的趋势与要求，预测未来社会对于人才的需求。十年树木，百年树人，今天的培养，是为了满足明天的需求，因此加强科学的预测与进行全面规划，使地方本科院校形成持久的竞争优势，是地方本科院校人力资源开发的客观要求。

（四）注重动态调整

地方本科院校要主动应对未来社会的各种挑战，制定的开发战略就要具备灵活性和博弈性。因为地方本科院校本身及其周围环境处于不断变化中。因此，我们制定的人力资源开发战略应该体现一种主动灵活的精神与博弈的功能，能够帮助地方本科院校在未来人才培养的过程中，主动地迎接与灵活地适应由于环境变化所带来的各种挑战。对于各种突变因素，人力资源开发战略中应该有相应的解决方法与对策。人力资源开发战略不是万能的，不可能应对未来出现的所有问题，因此在具体调整过程中要注重学科、专业的整合，要紧紧抓住整合的契机，消除各个单元重复设置的内容。地方本科院校在动态调整的过程中，首先，要对现有的学科、专业进行实质性调查、论证，确定一些优势学科、专业和特色学科、专业；其次，要确立体现学校特色和时代特色的学科、专业的发展思路，打破地域界限，对学科、专业进行优化重组，特别要注意发展新学科和组织新型交叉专业，培育新的生长点；最后，对原有的基础优势要加以保护和发展，不能在合并后一味强调平衡，甚至削强补弱，而是要加强融合和优化，形成新的优势。

总之，地方本科院校人力资源的预测与规划需要经历漫长的过程。地方本科院校在具体管理与教学过程中，特别需要加强科学而全面的预测，制定一个具有前瞻性、全局性、系统性和博弈性的人力资源开发战略。地方本科院校在人力资源开发战略的实质和人才综合素质培养的基础上，要做好预测与规划，促进地方本科院校形成并维持竞争优势。

二、注重全程培养和充分训练

全程培养和充分训练是完善地方本科院校人力资源开发的重要步骤，地方本科院校应从以下几个方面予以把握。

（一）目标引导机制

目标引导机制是人力资源开发的重要内容之一，地方本科院校应建立、健全人才资源开发的目标引导机制。地方本科院校应从人力资源可持续发展的战略高度出发，树立终身教育理念，制定切实可行的中、长期教育培训目标，按业务工作的轻重缓急组织培训。其目的是通过教育与培训，不断提高教职员工的政治思想水平、专业知识水平和管理水平；不断提高教职员工的实际工作能力和素质，以适应管理科学化、现代化、高效化的需要。具体可采用专业进修、自学、听专题讲座、参加学术活动、外出参观、岗位实践等多种方式进行。同时，每个教职员工都要在目标引导机制下制订个人发展计划。

（二）培养训练机制

地方本科院校要积极采取有效措施，加强对本校教职员工的培养训练。

1. 岗前培训

岗前培训是地方本科院校教师职业训练的主要形式，旨在使新补充的教师及时了解教师职业的特点和要求，熟悉高等教育的法规，掌握高等教育教学的基本理论知识、方法和技能，提高职业道德素养。

2. 单科进修

单科进修是以掌握一门课程的各个教学环节，熟悉教材内容、重点及难点，提高教育教学水平为主的培训。

3. 骨干教师进修班

骨干教师进修班的招生对象为具有两年以上教育教学经历的教师，培训方式是开设部分课程，并开展教学法的研讨和有关学科前沿动态的讲座。

4. 学者互访交流

学者互访交流是立足国内培养地方本科院校学科带头人和骨干教师的重要途径，也是促进校际学术交流的有效方式。

5. 选送或适当支持教师参加学历深造

选送或适当支持教师参加学历深造指的是选派中青年骨干教师攻读学位，以提升教师的学历。教育主管部门在优秀人才选拔培养办法、人才引进、职称评聘、科研资助、进修培训等方面制定了切实有效的措施，地方本科院校积极实施了各项措施，以促进地方本科院校教师队伍的建设。同时，地方本科院校应建立科学的高级人才选拔、培养机制。地方本科院校人才战略重点在于高层次人才的选拔和培养，培养拔尖人才，形成优势学科，创出品牌专业。作为人才聚集地与培养基地，地方本科院校既要发现、重用人才，又应注意人才培养知识的积累和应用，在人才培养知识更新上加大投资，加大人才培育力度，提高人力资源素质。培养人才时要避免严进宽出，规范教师行为，平衡教师的权利与责任。地方本科院校更应该把握好这一点，强化培养训练机制。

（三）自主学习机制

自主学习机制指在继续教育课程内容的选择与组织、教学方案的设计与实施等方面由教学双方共同参与、协商进行、合作完成的一种学习机制。对于教师的自主式学习，其实质是不同的人由于内在素质结构的不同而呈现出多元发展趋势。每一位教师都有区别于他人的专业发展方向，适合一个人专业发展的教育模式不一定适合另一个人的专业发展。因此，在继续教育中，教育者应鼓励教师采用自己喜欢的学习方式，来实现自我选择的目标。当教师养成了自定目标和自选目标的习惯时，他们的教育教学水平就会得到提高。首先，教师能恰当地选择学习目标。教师个体需要对自己的学习作出适当的判断，有能力自我导向，并自主学习。其次，当教师设计并开展学习活动后，使命感会增强，因而学习的效率也会提高。最后，教师是根据个人的需求来确立自己的学习目标的，因而会产生强烈的学习动机，对教师的个体行为产生深刻的影响。

通过自主式学习，教师的学习过程成为自觉参与和主动探究的过程。教师的最终学习结果也不只是达成预设的目标或掌握规定的知识与技能，而是在当前和长远两个时度、横向和纵向两个维度、外显和内隐两个方面获得发展，从而达到教师继续教育增值的目的。另外，要使教师的继续教育真正成为适合每个教师的教育，采取选修课程的方式是有必要的。这种方式是将课程列成“菜单”，提供给参加学习的教师，让教师按自己的要求自主选择学习内容和方式，使他们在选择中学习、在选择中发展，以增强主体意识和创新能力。

（四）创新激励机制

创新激励机制是地方本科院校开发人力资源的重要机制之一，对不同层次的人，激励的方法也不同。人类活动实践反复证明了这样一个事实：人力资源价值最大化的实现，需要在人力资源管理中正确地实施激励机制。地方本科院校在人力资源管理中要充分利用各种激励因素，掌握激励机制，运用合适的激励方法，激励教职员工努力奋斗，充分发挥自己的聪明才智，更有效地推动学校各项工作的顺利开展。

首先，地方本科院校对激励因素的设定要明确，如对完成工作的质与量要做适度说明。其次，地方本科院校要准确地把握激励的时机。激励是否有效往往取决于是否及时激励。过早的激励会让教职员工误以为这种激励不需努力就可以轻易获得，既破坏了激励的初衷，也误导了教职员工；而滞后的激励会让教职员工受到伤害，认为努力工作后仍受不到重视，进而对学校、对领导失去信心，最终虽然激励来了，但负面的影响仍无法消除，使激励的作用得不到充分发挥。再次，地方本科院校在激励时要以正面激励为主。现代管理理论和实践都指出，在群体激励中，正面激励的效果远大于负面激励，越是素质高的人员，惩罚性的激励对其产生的负面作用就越大。最后，地方本科院校要加强对教师创新精神、创新意识、创新技能的激励。地方本科院校在激励时应注重公正、公平，激发地方本科院校现有师资队伍的内在活力，调动广大教职员工的积极性、主动性和创造性。

三、实施合理引进和内部挖潜

（一）根据人才开发战略合理引进

地方本科院校应根据人才开发战略，从吸引人才、留住人才的角度出发，提供优越的工作、生活环境，营造有利于创造型人才成长和发展、有利于优秀人才孕育和产生的环境。对业内有一定知名度的专家、学者，地方本科院校可通过为他们提供重要工作岗位的方式来吸引他们。在引进急需的人才时，地方本科院校可采用灵活机动的政策，以“不求所有，但求所用”的新的用人观念来处理。地方本科院校在引进人才时要统筹考虑学校教学科研的实际、统筹考虑学科发展的需要，从有利于学校可持续发展的角度出发，制定科学的人才引进规划。此外，地方本科院校还应明确引进人才在学科、学历、学术水平与年龄上的要求，杜绝“饥不择食”和盲目的“求高、求尖、求精”的做法。

（二）优化人才配置，实施有效挖掘

地方本科院校人力资源有效挖掘的目的就是在优化人力资源配置的前提下，充分开发每个教职员工的价值，充分发挥人力资源的个体效能和整体效能。优化人才结构的重要手段就是进行人才结构调整，而人才结构调整是一个系统工程，是人才资源总体性开发的重要举措，其既受客观条件影响，又受主观因素影响，因此要在提高质量、增强活力的基础上调整和优化。

1. 挖掘专长

地方本科院校要善于发现并发挥广大教职员工的优势，并将其优势转变成工作的绩效。学校在实行竞聘上岗策略时，应让教职员工自己申报能发挥专长的岗位，而学校应根据实际情况努力满足他们的要求，使教职员工的德才水平与其担任的职务、所在的工作岗位相适应。

2. 用人所长

地方本科院校在合理地利用人力资源的过程中，要有效挖掘人力资源，扬长而用，择能而用，充分挖掘其专长，最大限度地发挥教职员工的聪明才智。

3. 全方位挖掘

地方本科院校要建立和完善培养人才、重用人才、激励人才、爱护人才和不拘一格全方位挖掘人才的机制，并将其作为人力资源开发的工作准则。挖掘的形式不囿于“文凭”和“学历”，而是从实际出发，考核其实际能力，使其更好地从事高校教学和科研工作。

（三）适时进行岗位调整，促进合理流动

地方本科院校人力资源市场要适应市场经济发展的要求，打破封闭的管理模式，建立以市场为导向的人力资源管理机制，形成地方本科院校内部人力资源市场和外部市场统一的人力资源市场体系。对地方本科院校来说，应坚持客观、公正、机会均等的原则，逐步建立人力资源科学配置机制，使人才得以合理流动。对于待聘、落聘人员，可通过学校人力资源管理部门与所在地政府人才交流机构形成的网络及所在地政府人事部门所属的人才交流机构提供人事代理服务，地方政府人事部门所属的人才交流机构应积极地为地方本科院校人才的流动提供服务。地方本科院校教师要依靠自身丰厚的人力资本储备和在市场竞争中具有的优势，不断地调整自己，找到发挥潜能的最佳点。地方本科院校管理干部要从业务的开拓与创新出发，制定明确的人才岗位调整和流动制度，以保证在稳定中求发展，推进合理的人才流动。对于后勤服务机构人员，地方本科院校应按市场经济运行体制，采取社会化开发策略。这样，后勤服务人员在编制上与学校脱离，实行独立核算，自负盈亏，降低了学校的管理成本，减轻了学校的人员负担与经济负担。

在地方本科院校人力资源开发环节的对策的考虑上，我们要加强科学的预测与规划、注重全程的培养与训练、实施合理的引进与挖潜，认真思考地方本科院校人力资源开发环节中存在的问题，进而促进地方本科院校人力资源的充分开发。

地方本科院校人力资源开发是将现代人力资源开发的理念和模式运用到地方本科院校人力资源开发环节中的一种新尝试，是关系我国高等教育发展的重要问题，也是关系地方本科院校发展和人才培养质量的重要问题。加强地方本科院校人力资源开发环节的研究，提高地方本科院校人力资源开发的效益，促进地方本科院校的可持续发展，既是时代进步、社会发展和高等教育变革的要求，也是增强地方本科院校竞争力、提高地方本科院校人力资源利用效率的

需要。①

从传统的地方本科院校人事管理向现代地方本科院校人力资源开发的转变，是一个复杂而漫长的过程，需要众多教育理论工作者和实践工作者不懈努力和共同探究。我们应紧密结合我国地方本科院校当前改革发展的实际，进一步创新和完善地方本科院校人力资源开发环节，以科学的理论指导我国地方本科院校人力资源开发实践，增强地方本科院校的竞争力，促进地方本科院校可持续发展。

① 姚晓琴．地方本科院校师资人力资源开发与管理研究 [J]. 山西师大学报（社会科学版），2011，38（S3）：156-157.

第七章　地方本科院校师资国际化研究

第一节　地方本科院校师资国际化理论基础

一、地方本科院校师资国际化的认识

（一）地方本科院校师资国际化的概念

地方本科院校师资国际化，是指地方本科院校为满足高等教育国际化和地方经济发展国际化的客观需求，着力打造具有跨文化教育背景的高素质教师队伍，同时使人才的合作与竞争、教师队伍的资源配置与管理达到一定的国际化水准。如果从教师个体的视角来看，地方本科院校师资队伍国际化主要取决于教师自身素质的国际化程度；如果从教师队伍整体的视角来看，地方本科院校师资队伍国际化主要表现为人才的合作与竞争、教师队伍的资源配置与管理等方面的国际化程度。地方本科院校师资队伍国际化不是一个阶段性的、静态的结果，而是一个持续不断的、动态的发展变化过程，随着地方本科院校办学层次和水平的提高，师资队伍国际化水平也会越来越高。

“国际化”一词出现已久，用英文表示是“internationalization”。从词形构造上看，“inter-”意为“相互间的，互相的”；“international”意为“国家间的，国际的”，主要指国家之间的交流与合作；“-lization”作为后缀，有“化”的意思。随着国际交流与合作的扩展和加深，高等教育已经成为各国间合作与交流的重要内容，因此地方本科院校应紧跟高等教育发展潮流，促进地方本科院校师资国际化的进程。国家之间或各国高校之间的交流与合作是高等教育国际化的基本前提，根据交流双方所处的位置和交流的方向可以将其分为以下几种类型。

1. 两国单向交流

两国单向交流是指一个国家学习和借鉴另外一个国家的先进高等教育经验的过程，如图 7–1 所示。这种单向交流可以是被动的，也可以是主动的。在殖民地时期，宗主国向殖民地国家输入高等教育模式，这种交流对殖民地国家来说就是被动的单向交流。也有一些国家主动向别的国家学习其高等教育模式，例如，我国高等教育的发展在一定时期只按照一个国家高等教育的模式来构建：在中华人民共和国成立初期，苏联高等教育模式成为我国学习和借鉴的唯一对象。

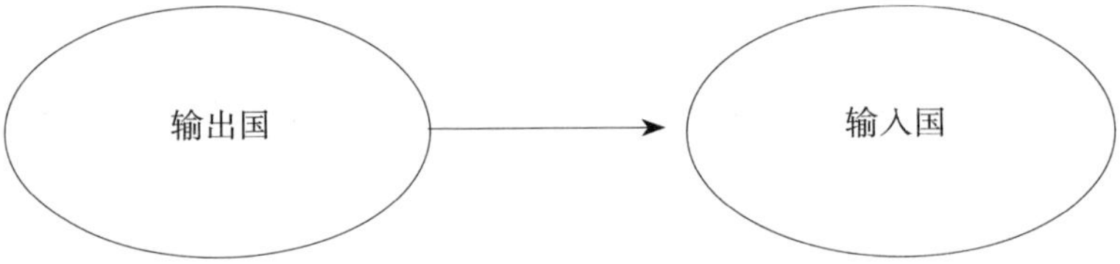

图 7–1　两国单向交流

2. 两国双向交流

两国双向交流是指两个国家在同一时期互相学习高等教育经验的过程，如图 7–2 所示。这种情况主要发生在同一时期，此时期两个国家的高等教育模式同时代表着世界高等教育发展的趋势。例如，在 19 世纪末和 20 世纪初，德国和美国互相学习与借鉴对方的高等教育发展经验。

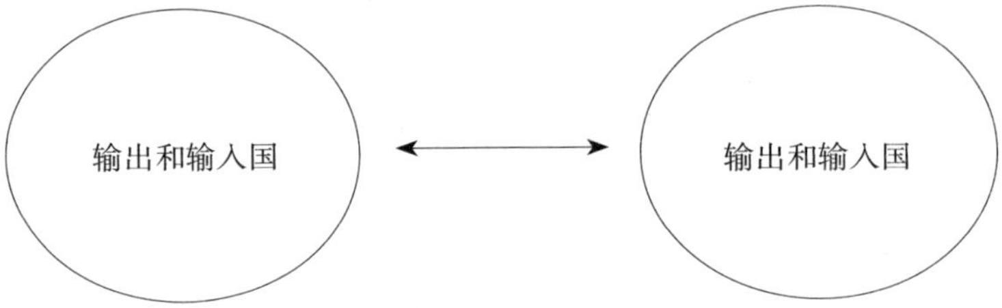

图 7–2　两国双向交流

3. 多国单向交流

多国单向交流是指一个国家根据本国国情向不同国家学习、借鉴高等教育经验的过程，如图 7–3 所示。这种情况主要发生在高等教育发展程度较低的国家，其为了完善自身高等教育体系以及提高高等教育水平，分别与其他发达国家进行交流与合作，不断汲取不同国家的高等教育经验，最终形成适合本国政治、经济和传统文化的高等教育体系。

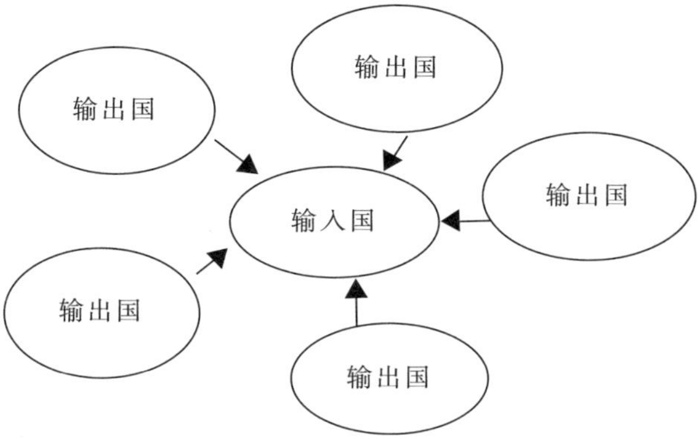

图 7-3　多国单向交流

4. 多国双向交流

多国双向交流是指不同国家之间进行的相互学习和借鉴高等教育经验的过程，如图 7-4 所示。在这种情况下，一个国家在输出本国高等教育经验的同时注重吸收其他国家的先进经验。例如，美国、德国、法国、日本等高等教育发达国家已经成为其他国家效仿的对象，但它们也会不断学习和吸收别的国家高等教育先进经验来充实和完善本国的高等教育体系。

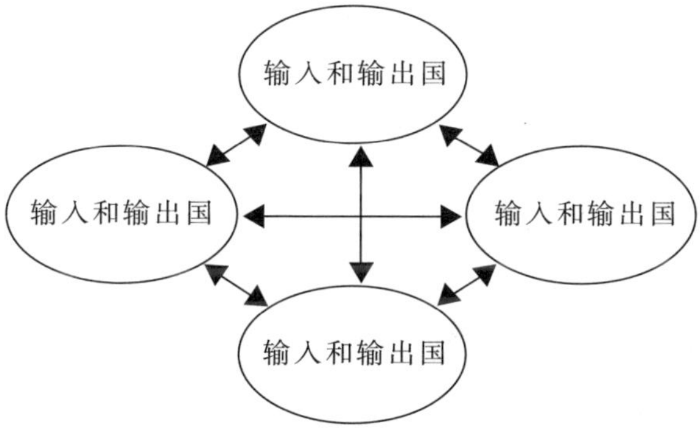

图 7-4　多国双向交流

不管是把高等教育国际化界定为一个过程还是一种活动，其最终目的：一方面，是把本国高等教育经验介绍给其他国家，使本国走向世界；另一方面，是从高等教育发达国家学习和吸收先进的高等教育经验，并根据本国当地文化传统、政治、经济的发展状况来构建地方高等教育体系。这种在各国之间不断进行的高等教育交流与合作，使各国之间、区域之间甚至在全球出现了高等教育体系的部分趋同现象，如高等教育的培养目标、培养计划和课程设置等。

综上所述，我们不难看出高等教育国际化的两个基本现象（特点）：一是国际交流与合作；二是高等教育体系的趋同。

地方本科院校师资国际化作为高等教育国际化的一个重要组成部分，也具有相应的两个现象（特点）。一是地方本科院校师资的交流与合作，包括师资在内的人员流动是高等教育国际化最初的表现形式。早期的高等教育国际化主要表现为外在的、不同国家和地区间的人员交流，对于发展中国家来说，学习和借鉴发达国家的教育制度和教育经验等，主要是通过直接派遣留学生或专家、学者到国外有关院校短期访学或从事合作研究等途径。随着高等教育国际化的发展及全球化人才竞争的加剧以及科学技术的飞速发展，地方本科院校师资的交流与合作形式变得越来越多样化，除了师资的国际流动以外，国际性培训体系和师资间的合作研究、学术交流等形式也不断涌现。二是地方本科院校师资对发达国家教育管理运行机制的吸收和借鉴。师资管理运行机制是否科学、合理，直接影响地方本科院校教师的工作积极性和工作效率，是关系院校能否吸引和留住人才的关键因素。因此，为了提高地方本科院校师资的整体素质，增强培养高级专门人才的能力，地方本科院校不断吸收和借鉴发达国家的师资管理经验和管理理论，因而出现了全球性的师资管理运行机制的融合和趋同现象。

综上所述，本书对地方本科院校师资国际化定义如下：地方本科院校师资国际化是指本国地方本科院校教师与其他国家高校教师的国际交流与合作以及对高校管理思想、理论、方法、手段等相互学习和吸收，并形成适合本国的地方本科院校师资管理运行机制的过程。

（二）地方本科院校师资国际化的结构

1. 人员组成结构国际化

人员组成结构国际化是指教师队伍中具有国际教育背景的教师与没有国际教育背景的教师、国外教师与本国教师之间的比例构成，这种比例构成在外语类学科专业中要求所占的比重要大些，而在非外语类学科专业中所占的比例则可以相对小些。人员组成结构国际化是应用型本科院校师资队伍国际化的一个最直观的特征。

2. 学历学缘结构国际化

学历学缘结构国际化是指教师队伍中具有本科和研究生学历，具有学士、硕士和博士学位，在哪所国家的哪个高校接受的高等教育以及毕业之后的工作或创业实践经历等方面的比例构成，这种比例构成在学历学位上要突出低、中、高之间的合理搭配，在学缘上要尽可能丰富多样、百花齐放，要力求达到国际化所要求的结构标准。

3. 文化知识素养结构国际化

文化知识素养结构国际化是指教育教学人员所拥有的文化知识、教育教学理念及教育技术手段和方法等符合国际化人才标准。其具有较强的通用性，能为他国、他民族所承认和接受；具有交流性，能与他国教育教学人员平等地沟通与交流；具有开放性，能够充分地对外开放与共享；具有创新性，能够在教育教学过程、课程开发和教学研究中充分地运用并发挥一定的作用。

4. 能力素养结构国际化

能力素养结构国际化既包括一般能力的国际化，也包括特殊能力的国际化，只有将这两个方面有机结合才能使教师能力素养结构真正达到国际化的要求。

5. 合作与交流结构国际化

合作与交流结构国际化是指教师队伍能够经常参与国际合作与交流，同时在国际合作与交流的数量、层次以及质量等方面能够达到国际化要求。教师国际交流与合作不能局限于少数几个发达国家，也不能限于少数几所世界著名大学，而应当多渠道、多层次、多元化地开展教师国际合作与交流。

二、地方本科院校师资国际化的背景

（一）各国人才战略的推动

21 世纪是以知识为依托的全球化经济时代，各国之间的竞争主要表现在人才数量和质量的竞争，可以说，谁在 21 世纪的人才竞争中取得优势，谁就可能在全球竞争中占据绝对的优势。因此，各国把培养、吸引高素质人才作为国家人才战略的主要举措。

各国在高素质人才竞争中的主要措施有三条。一是通过本国的高等教育体系为本国培养高素质人才。二是利用国外高等教育资源为本国培养高素质人才。其主要是通过派遣留学生到国外高校进行学习和进修，吸引国外高校的著名学者和教授到本国从教，从而提升本国培养高素质人才的能力；或者是通过与国外高校以联合办学、共同培养等形式为本国培养人才。三是直接从国外吸收高素质人才为本国社会和经济发展服务。在这种国际性的人才竞争中，发达国家往往靠其雄厚的经济实力、完善的制度体系和较高的社会发展水平占据着压倒性的优势，并因此取得了巨大的回报。

目前，各国对高素质人才的争夺愈演愈烈，纷纷出台优惠政策来吸引高素质人才。以德国为例，德国素有“科技强国”之称，但它的高科技人才频频告急。2012 年德国开始发放欧盟蓝卡，持卡人可以在整个欧盟地区与本地公民享有同等权利；2014 年德国出台关于双重国籍的新规定，在德国长大和完成中学学业的移民可保留双重国籍；2020 年德国正式实施《技术移民法》。可见，德国不断完善的移民法律制度体系，为吸引技术移民创造了良好的制度条件。

在全球范围内的人才争夺中，作为培养高素质专门人才的高校教师自然也受到各国政府和高校的青睐，成为各国高校争夺的重点。而这一点也更加促进了地方本科院校教师在全球范围内的流动。

（二）高等教育国际化的带动

地方本科院校师资国际化是高等教育国际化的主要组成部分，对此中外学者已经有过论述。我国高等教育国际化研究学者陈学飞指出：“教师的国际交流是高等教育国际化的一个核心部分。具有国际知识和经验的教师可以直接推动教学、科研向着国际化的方向发展。”[①] 国际化人才的培养目标、国际性课程的设置、人员的国际流动和各国高校之间的合作与交流已经成为各国高等教育国际化的主要内容。国际化人才的战略目标以及促进国际学术交流，要求各国高校之间进行人才互换，合理流动。为了适应这种开放性的高等教育发展趋势，教师也要出国学习、进修和开展合作研究，了解国际知识，加强国际意识。由于地方本科院校师资的来源逐步多元化，为了使各种不同文化的教师能融洽地在一起工作，地方本科院校必须建立一套适合国际惯例和规则的师资管理体制，进行科学、合理和人性化的管理。

（三）地方本科院校自身发展的需要

经济全球化推动了技术、人才和资金等资源在世界范围内的自由流动，同时信息技术的发展和信息传播的无国界化也为地方本科院校教育国际化提供了便利条件，由此带动了教育领域的国际交流与合作，从而形成教育国际化的大趋势。

① 陈学飞. 高等教育国际化：跨世纪的大趋势 [M]. 福州：福建教育出版社，2002：13.

当下，教育国际化已成为衡量地方本科院校办学水平的重要指标之一。它要求大学充分利用国际教育资源，促进本校高等教育发展。“一带一路”“科教兴国”等国家层面倡议和战略的推进，对我国地方本科院校提速国际化进程提出了迫切要求。在此背景下，我国地方本科院校只有面向世界，吸收借鉴先进的教育理念和教育手段，走教育国际化之路，才能够适应世界潮流，跟上时代步伐。

（四）地方本科院校“一流”建设的现实需要

教育国际化已成为世界一流大学的显著特征。2015 年，国务院出台了《统筹推进世界一流大学和一流学科建设总体方案》(以下简称《方案》)，其明确提出，要以中国特色、世界一流为核心，加快建成一批世界一流大学和一流学科，强调加强国际交流与合作，不断提升办学的国际化水平。教育国际化是我国地方本科院校提升国际竞争能力、加快“世界一流”建设的必经之路。

《方案》要求破除身份固化，促进公平竞争，鼓励和支持不同类型大学和学科差别化发展，鼓励高校根据自身实际，合理选择“世界一流”建设路径。这就为更多地方本科院校参与“世界一流”建设提供了难得的发展机会。另外，一些地方本科院校是行业特色型高校，创建世界一流学科也是其实现自身使命的迫切要求。因此，地方本科院校应充分利用国际优质教育和创新资源，把国际化嵌入办学过程，促进一流学科的建设。

（五）知识传播与发展的需要

知识的传播与发展是促进高校师资国际化的一个重要动力。古代出现“游学”之风，就是因为各国学者对世界知识普遍性的认识，他们认为世界知识是人类所共有的，需要向全人类传播。中世纪的大学追求的也是这种知识的普遍性，其认为人文学科是一切知识的基础，一切知识在范围上都是全球性的。基于这种观念，当时的大学，不仅学生来自不同国家和地区，在教师的聘用上也没有国别的限制。

近年来，随着科学技术的飞速发展，人类的知识量呈几何级数增长。信息技术的迅速发展以及与科学技术的交叉和相互渗透，使当今的科学技术正日益向世界一体化方向发展。任何一个国家都不会在世界上所有领域处于领先水平，各国需要更广泛的跨国别、跨高校的研究与合作。为了促进人类知识的共同进步和发展，教师作为知识的传播者，需要与其他国家的同行进行互相交流和学习。无论是聘请国外专家学者到我国地方本科院校传授先进的知识，还是我国地方本科院校教师走出去，学习国外的先进知识，进而为我国地方本科院校科学技术的发展作贡献，都是为了提高我国高等教育的整体水平和地方本科院校培养高级专门人才的能力。因此，地方本科院校师资国际化是时代进步和发展的需要与必然，地方本科院校需要适应这一发展趋势，进而更好地发展我国高等教育事业。

三、地方本科院校师资国际化的基本要素与走向

（一）高等院校师资来源的国际化

教师的国际流动是高等教育国际化的主要内容之一。18 世纪以后，由于殖民地的扩张，各宗主国向殖民地国家输入高等教育模式，有些宗主国向殖民地国家派遣教师，成为当时师资流动的主要形式。19 世纪 40 年代以后，由于科学技术的飞速发展，高校成为培养人才、发展科学革新技术的基地，吸引国外高水平教师任教成为各国提高自身学术水平和科研能力的普遍做法。例如，聘请世界著名教授、学者来高校任教或讲学已经成为美国高校悠久的传统，这也是让美国高校成为世界一流高等学府的成功经验。

日本高校历来有聘请国外教师的传统。19 世纪 60 年代初期，日本从国外聘请专家约 80 000 人。1877 年，东京大学成立之初就聘请了 20 多名外籍教授。这些外籍专家和教师主要来自英国、美国、法国、德国等国家。外籍专家和教师在日本享受的月薪大多相当于日本部长的水平，少数外籍专家和教师的待遇甚至与日本内阁总理相当。19 世纪 40 年代以后，日本高等院校在数量上迅速增加，由于当时没有专门培养大学教师的教育机构，因此日本政府每年都要从国外聘请一批教师来解决本国高校教师紧缺的状况。特别是在 20 世纪 50 年代中期到 20 世纪 70 年代末的这段时期，日本每年要从国外聘请约 1 000 名高校教师到大学里从事研究和教学工作。

（二）师资管理运行机制的借鉴

各国高等教育国际化的过程也是不断学习国外的先进教育经验，并与本国实际相结合的过程。地方本科院校师资管理的运行机制也是如此，即各国高校在高等教育国际交流与合作过程中，不断学习和吸收别国先进的师资管理理论、管理方式、管理制度和激励办法等管理运行机制，并结合本国政治、经济与文化特点，逐步形成了适合本国国情的师资管理运行机制。虽然各国的师资

管理体制不相同，但通过比较发现，各国高校在师资管理上不免有相同的做法和共同的发展趋势。

1. 招聘程序的公开性和民主性

师资招聘程序的公开性和民主性是保证吸收高质量人才到地方本科院校从事教学和研究工作的重要因素。在发达国家，各国招聘制度虽然在程序上不尽相同，但有一点是共同的，即招聘过程的公开性和民主性。发达国家高校在招聘教师时大致要经过以下几个程序。第一步，成立招聘委员会。委员会成员主要来自校内和校外的专家，各国做法不大相同。第二步，拟定教师岗位。这一步主要在学校基层完成，大多是由院（系）根据教学和研究任务来确定要招聘的岗位，并上报招聘委员会。第三步，公布招聘信息。主要包括所需岗位要求的条件；如应聘者的学历、教学水平、科研成果等以及授聘学校所提供的待遇、教学和科研的条件等。第四步，对应聘教师进行审核。对应聘教师的审核由专家组成的招聘委员会来完成。第五步，筛选出最佳人选。最后的聘任权各国由不同的部门掌握，大多是在学校或教育主管部门。在德国，最后的聘任权在主管学校的州科学部或文化部；在美国，最后的聘任权在学校评议会、董事会。虽然各国在招聘程序上的做法不大一样，但由上述程序可以看出，整个招聘程序是公开的，在权利分配上也是比较分散的，这保证了招聘过程的民主性。

2. 任职资格和晋升条件的严格性

为了保证高校师资的质量，各国高校对教师的任职资格和晋升条件都有严格的规定。在德国：为了防止学术上的“近亲繁殖”，高校教师全部从校外招聘而不采取校内逐步晋升的办法：大学和高等专科学校的教授必须具备博士学位和高校执教资格，除此之外，还要求其在运用或开发科学知识与方法方面有特殊的成就，在取得教授资格前应有 5 年高校内、3 年高校外的职业经历；学术助教也需是非常优秀的博士，而且要求有较强的独立研究能力；对学术助理应聘者虽然不要求其有博士学位，但应该具有教学、从事学术性辅助工作的能力；专职教师要求能传授实际技能和知识，但不能担任教授。美国各高校都有自己的任职资格和晋升条件，虽然做法有不同之处，但对教师的任职资格和晋升条件的要求均相当严格。在美国任教的高校教师都有较高学历。在美国所有高校中，具有博士和硕士学位的教师约占 80%；在晋升时，具有较强的教学能力、科研能力和科研成果是教师晋升的主要依据；美国高校实行“非升即走”的政策，即根据合同，若教师的教学和科研业绩在受聘期间或受聘结束时达不到晋升的标准（主要看教师的科研成果），则学校不再续聘。

3. 师资结构趋同

师资结构是指学校教师整体素质的总体构成情况。地方本科院校师资结构是否合理，事关教师群体能否发挥最大效应；教师群体内部的学术氛围是否活跃，将直接影响地方本科院校教学和科研任务完成的质量。师资结构的要素包括职称结构、学历结构、年龄结构、学缘结构和身份结构。职称结构是指具有初、中、高各级职称教师数量的构成情况，这是衡量地方本科院校教师整体状况的重要指标之一。学历结构是指教师群体中具有不同学历的教师数量构成情况，这是衡量教师群体理论水平和研究能力的重要指标。年龄结构是指教师群体中各年龄阶段的构成比例，这是衡量一个教师群体创造力高低的主要指标。学缘结构是指一所学校全体教师最终学历学校的构成状况，这是衡量学校教师群体学术氛围是否活跃的主要指标。身份结构是指教师群体中不同聘任身份的教师数量构成情况，主要是指教师群体中兼职和专职教师的构成比例。

19 世纪中期以后，美国、德国、日本、法国等国家在高校师资结构方面变化巨大。这些变化主要表现在教师的职称结构、学历结构、年龄结构、性别结构上。简要地说，教师职称结构合理化、高学历化、年轻化，增大女教师比例和兼职教师数量成为许多国家共同追求的发展目标。另外，各国高校为了防止和避免学术上的“近亲繁殖”现象，在学缘结构上主要采取从他校毕业生中招聘教师的策略，这样做扩大了教师的来源渠道，促进了学术的发展和繁荣。

（三）学校教师素质要求的统一性

21 世纪是以知识经济为主导的全球经济时代。国际交流与合作的不断增加，使各国需要大批懂国际知识、具有国际意识以及具有较强国际沟通与合作能力的国际化人才。各国高等教育培养目标的统一性，使地方本科院校对教师素质的要求趋向一致，主要表现在以下几个方面。

1. 具有国际意识

国际意识是指人们看待国与国之间、世界各国之间以及与世界各国有关的事物和问题时所具有的一种情感态度和价值观，它要求人们有国际性的视野、开放的心态并遵守国际法则与惯例。随着诸如人口、能源、环境等国际性问题的出现和经济全球化的发展，联合国教科文组织于 1989 年在北京召开“面向 21 世纪教育国际研讨会”，把会议主题定为“学会关心”，呼吁世界各国要重视全球教育，教育人们要关心全球命运，关心地球上的生存条件，树立关心全球的责任感和生态伦理观，为缓解地球问题而奋斗。21 世纪，各国把培养国际化人才作为自己的培养目标，高等教育是实现这一目标的关键环节。

地方本科院校在实施培养国际化人才的过程中首先应要求教师具有国际意识。第一，国际视野。教师在分析和解决问题时要有全球眼光，并养成将国家的、民族的问题放置在世界的大范围、大背景下进行思考的习惯，总揽世界。时刻关注诸如人口、能源、环境等全球问题。第二，开放的心态。教师要能够理解和接受各个民族、国家的文化、传统和风俗习惯，始终保持对外界民族、国家的新鲜感和对别国的文明、制度强烈的学习欲望，能够与各个民族、地区和国家的人和睦相处。第三，教师要懂得、掌握和遵守国际法则与惯例。随着全球化和高等教育国际化进程的不断推进，教师与国外学者和学生接触的机会将越来越多，他们在交流与合作的过程中，除了要尊重和理解彼此的文化传统和风俗习惯外，还要懂得运用国际法则和惯例行事。

2. 具有较强的创新意识和创新能力

自 21 世纪以来，知识的创新已经成为人类最重要的活动，培养创新型人才成为各国高等教育的基本任务之一。作为培养人才核心力量的地方本科院校教师必须在教学过程中具有创新意识和创新能力，并在教学内容和教学方式上体现出来，使教学内容不断更新，让教学方式能激发学生的创新兴趣，以培养学生的创新精神和创新能力。高校作为知识创新的基地，教师在知识创新过程中担负着重要任务，而具备创新意识和创新能力的教师更能创造出新的知识，并将创造出的知识充入教学内容，传授给学生。

3. 具有终身学习的理念和能力

在知识经济时代，知识以几何级数的速度增长。一个人只有不断学习，才能适应社会和经济的发展。学习已经成为人们生存的基本手段之一，作为培养高级专门人才的高校教师更应如此。因此，教师需要不断学习、更新知识，进而了解本学术领域的发展动态，使自身具备运用新的教育理论和现代信息技术的能力，并适应培养创新型人才的要求和教学手段的不断变化。

4. 具有团结合作精神

人才的培养不是只靠一两位教师就能完成的任务，而是需要群体教师共同劳动。目前交叉学科的出现和发展，要求不同学科、不同领域的教师进行合作，综合性的研究项目只靠个人的努力显然无法完成，需要发挥各领域专家的智慧。因此，具备团结合作精神是地方本科院校教师的基本素质之一。

5. 国际交往能力

在人类文明发展的历史上，知识的传播起着很重要的作用。在知识迅速增加、技术迅速更新的时代，一个国家和一所高校要想在所有的科学技术领域都处于世界领先水平是不可能的事情。因此，为了人类的共同进步和发展，各国高校需要进行各种形式的合作与交流。而且，诸如人口、环境、能源等全球问题也需要各国高校开展合作研究，并共同解决这些人类面临的问题。作为国际合作与交流主体的教师，需要具备与不同国家的学者进行沟通、交流的能力，需要精通一门或多门外语，了解别国的文化传统、风俗习惯及国外同行的思维和行为方式，为顺利开展国际交流扫除语言和传统习俗方面的障碍。

（四）跨国师资培训体系的形成

培训是优化地方本科院校教师知识结构，提高教师教学和科研能力的重要途径。在高等教育国际化大潮中，各国把培养国际化人才作为其高等教育的主要目标之一，并且随着高等教育国际化的发展，各国高校开设了大量的国际课程，再加上科学技术的日新月异，作为地方本科院校培养人才核心力量的教师，为了适应这种要求，必须具备国际意识，懂得国际知识，了解本领域发展状况，以提高自身的综合素质。显然，单靠一个国家的教师培训体系是很难完成教师国际化培养任务的，所以建立跨国的教师培训体系十分必要，也非常迫切。

1. 派遣地方本科院校教师出国学习、进修和访问

出国学习、进修和访问是培养国际化师资的主要途径，也是最好的途径。通过出国学习、进修和访问能使这些教师在学习和工作过程中亲身体会异国的文化传统、风俗习惯，并学会与国外同行进行沟通和交流。教师在学术上接触不同学术背景、不同观点和不同研究方式的学者，有利于开阔自身的视野，学习掌握先进的科学技术，从而改善自身的知识结构，提高自身的综合素质，为从事教学和科学研究积累经验。

2. 邀请国外著名学者、专家短期讲学

一个国家高校师资培训体系能否培训出高质量的国际化教师，一方面取决于这个国家培训中的内容是否适应世界的发展趋势；另一方面取决于这个国家担任培训任务教师的质量。其中，最重要的在于担任培训任务教师的质量。要想培训出高质量的地方本科院校教师，世界著名学者、教授担任培训任务教师是不可或缺的。通过国外著名专家学者的讲座，地方本科院校教师不仅能了解和学习世界最新科学技术的发展动态，更重要的是能从这些专家学者身上学到宝贵的治学精神、教学和学术研究方法，这对参加培训的教师以后的教学和研究工作帮助极大。发达国家普遍采用这种培训方法，如牛津大学的每个系每周都会组织本专业的研讨会，并邀请世界各地的名人来举办讲座。

3. 校际联合培训

校际的联合培养、合作办学、互认学分和学位等已经成为高等院校进行

国际合作与交流的重要内容。现在越来越多的高等院校把联合培训教师作为合作的内容之一，即通过校际互派学者、教师到对方学校短期任教或合作研究，以增加教师的国外工作经验。高等院校师资国际化首先要求高等院校师资来源具有国际性。受经济全球化和科学技术飞速发展的影响，地方本科院校教师在国际范围内开展了更加广泛的各领域的交流与合作，各国高校在教师素质的要求上逐步统一，在师资培训方面加强了交流与合作，跨国师资培训体系也逐步形成。

第二节　陕西省地方本科院校师资国际化分析

一、陕西省地方本科院校师资国际化现状

师资国际化是检验高校国际化水平的核心指标。西方传统的高等教育机构，如柏拉图学园、亚里士多德的“吕克昂”，都是师资国际化的先驱。中国近代第一所现代大学北洋大学堂及中国近代第一所国立大学京师大学堂自开办之初，就聘请了很多外国教员。中华人民共和国成立后与苏联教育体系的对接也是我国大学国际化之旅的一段航路。时至今日，师资国际化已经成为高等教育界无法回避的课题。一个国家要想在经济、科学、技术和军事等方面走在世界前列，就必须具备一大批国际顶尖的科学家、学者和研究人员。经过近年来的发展，陕西省地方本科院校师资国际化程度已经取得一定成绩，但存在的不足也很明显。

陕西省地方本科院校师资国际化发展取得的成绩如下。一是以西安交通大学为代表的“985 工程”“211 工程”高校。在师资方面，这些高校面向全球招聘中高层管理人员，吸引优秀海外学子加入学术队伍，选派教师出国留学和访问，组建起自己的国际化师资队伍。二是以西安理工大学、西安石油大学为代表的特色本科院校，这些院校利用自己的优势专业，从海外引进学术带头人，积极参与国家公派留学和联合培养项目，开展形式多样的学术交流，扩大了国际影响力。三是陕西的原三本院校，包括部分高校的二级学院和民办院校，这些院校由于实力有限和办学定位的针对性，侧重在寒暑假期间选派教师去国际知名院校进修培训，教师通过学习国外先进的教育理念、教学经验和教学方法，开阔国际视野，提升业务水平和教学能力。综合来看，陕西省地方本科院校取长补短的发展方式，迎合了高等教育转型发展的需要，值得肯定。

陕西省地方院校师资国际化发展的问题也很明显。西部地区经济发展落后是一个历史问题，短时期内无法解决。虽然陕西省地方本科院校在培养国际化师资方面作出了不少努力，但资金和环境仍为制约人才发展的最重要因素。香港城市大学协理原副校长程星在《大学国际化的历程》一书里说："香港的大学在国际化进程中首先从教授的招聘入手，面向全球招聘，工资条件与国际接轨。"尽管有成熟的模式可以参照，但是陕西省地方本科院校却不能照搬，原因仍在于经济基础。从引进的角度看，不管是政府还是高校都拿不出跟沿海城市接轨的待遇吸引人才；从人才培养模式看，教师的访学、交流、进修等可以促进国内外人才交流的形式都需要雄厚的资金做后盾，而陕西省一些地方本科院校囊中羞涩，满足不了日益扩大的资金需求。这种情况长期存在，导致走进来的人较少，走出去的人较多，人才的流失成了恶性循环，也造成陕西省个别院校在国际化教师队伍建设上步履艰难。

二、陕西省地方本科院校培养国际化师资队伍的路径

纵观多年来的高校国际化发展方向，其路径不外乎高等教育理念的国际化、课程设置的国际化、人才培养的国际化、合作交流的国际化等。所以，培养一支跟国际接轨的师资队伍是高校发展的首要问题。具体到陕西省地方本科院校，则需要因地制宜，采取适合陕西地区发展的国际化路径。

（一）政府牵头、建立长远的战略发展计划

教育要面向世界、面向现代化、面向未来，这是我国改革开放以来教育工作的重要指导方针。十年树木、百年树人，丰硕成果的培育和收获需要长久的沉淀和积累，高等教育国际化不是一蹴而就的事情，需要长远的目光和战略。这个战略制定的关键因素在于地方政府的引领和牵头。1985 年，邓小平在全国教育工作会议闭幕会上指出："忽视教育的领导者，是缺乏远见的、不成熟的领导者，就领导不了现代化建设。"陕西省政府在国家方针的指导下，把教育国际化战略作为一项重要任务来抓，采取多项措施，推动高校国际化发展。在政府的努力下，陕西省教育厅管辖下的本省高校与全球多个国家（地区）高校建立了友好合作关系，开展师生互访、互换、合作研究等形式多样的交流活动。陕西省政府还注重政策的连贯性和长远性，2010 年，陕西省委、陕西省人民政府印发的《陕西省中长期人才发展规划纲要（2010—2020 年）》除了鼓励高校同海外相关研发机构建立联合实验室或研发中心，支持在双边和多边科技合作协议框架下实施国际合作项目外，还提出多项人才发展计划，包

括“西部地区人才培养特别项目”“高校英才计划”“海外高层次人才引进计划”“三秦学者”“春晖人才”等，这些项目显示了陕西省人民政府打造高端人才的决心和行动。而通过法规的形式固定下来，又具有长远的规划性和战略性，意义重大。

（二）地方高校参与，多种形式推动国际化发展

《中华人民共和国高等教育法》规定，高等学校在遵守国家有关规定下，可以自主开展与境外高等学校之间的科学技术文化交流与合作。在交流合作中，建立一支国际化的人才队伍，设置既能与国际化接轨又与本校特色相符合的课程，培养立足地方、服务社会的国际化应用型人才是必不可少的内容，陕西省地方本科院校应积极参与，多方推动地区和高校的国际化发展。

1. 建立符合地方特点的人才队伍

教育是民族的根本大计，人才则是国家社会发展的基础。陕西省地方本科院校在国际化的过程中，非常注重培养自己的国际化人才队伍，如“985 工程”院校——西安交通大学和西北工业大学分别实施的“腾飞人才计划”和“翱翔之星”项目，用积极务实的聘任方式吸引海内外人才在学校教学科研中百家争鸣；西北大学从“211 工程”建设经费中列出专款 2000 多万元用于“高层次创造性人才计划”项目；陕西师范大学的“曲江学者”和西北农林科技大学的“后稷学者”都是给国际化人才搭建的高品质平台。这些项目的实施，体现了学校求贤若渴的心理，不管是从学校声誉还是人才队伍架构方面，都起了积极作用，陕西省其他本科院校也应积极加入师资队伍人才培养行列。本科院校如西安理工大学、西安石油大学积极响应陕西省人民政府的政策，根据本校特色聘请陕西“三秦学者”等国内外名师和海外优秀学者参与学术团队建设。原三本院校则通过把教师送到国外进修交流等方式提高教师国际化水平。地方本科院校这种立足当下、把握未来的发展路线，使建立高水准国际化师资队伍成为水到渠成的事情。

2. 设置体现地区特色，接轨国际化的教学课程

课程与教学是大学的核心内容与中心工作，课程与教学国际化也是大学国际化的重要部分。陕西省地方本科院校在课程和教学方面进行改革，应当根据地区特点，推行 MOOC、双语教学、联合培养等方式，设置与国际接轨的教学课程。

MOOC 的中文译名是“大规模公开在线课程”，是哈佛大学首创，耶鲁大学和纽约大学等世界名校随后跟进推行的课程。在 MOOC 模式下，课程、课

堂教学、学生学习进程、学生的学习体验、师生互动过程等完整地、系统地通过网络实现，是目前高等教育领域最为公开与公平的教学方式。MOOC 这一新鲜事物在全球高等教育界引发热潮，我国的大学相继加入，以北大、清华为首，国内一流大学通过建立校际联盟逐步推行在线课程，但一些地方本科院校并未重视，未把其列入教学发展计划。地方本科院校应正视自身的先天不足，意识到师资水平是困扰学校发展的重大难题，主动推行先进的教学方式，让学生不再受制于专业和学院限制。只要有兴趣，每名学生都能享受到优秀教师的理念和成果，提升对学科的兴趣和对知识的热爱，进而发展自身，回报社会。

双语教学也是国际课程的一个重要组成部分。语言能力是人的基本能力。一个人通晓母语之外的其他语言，与人交流时不造成障碍，在国际环境下也能应对不同的情形和挑战，这是国际化人才的基本要求。英语作为全球通用语言，已成为人们应对 21 世纪发展的必备语言工具。丁学良在《什么是世界一流大学？》中提出，非英语国家学者在表达非母语的专业性思想和意义时很艰辛，并且以西方主流听众的兴趣作为研究选题也让他们感到困扰。但要想在高手云集的国际学术圈内获得一席之地，又不得不面临这个挑战。如果放弃加入这个环境，自我封闭，结果只能让高校在国际化的竞争中居于人下。陕西地区位置偏僻，在外语语言环境上落后于北上广深及沿海经济发达地区。基于这样的条件，地方本科院校更应该重视双语教学，奋起直追。双语教学的教师一般在国外接受过系统学习，熟悉不同的文化背景，能够把最前沿的知识和思想传播给学生；作为受众的学生则从非母语的学习环境中，了解到不同的文化背景和特点，增强了与国际化接轨的能力，为未来的发展奠定了良好基础。

联合培养作为一种新的教育理念和模式，受到陕西省高等院校的普遍欢迎。目前，地方高等院校在联合培养中探索了多种模式，本科阶段有长期培养项目（学习时间为 1 年），短期培养项目（学习时间为 3 到 6 个月）；研究生阶段有不同形式的中外合作和联合培养。高校通过与国外大学建立联合培养和学生互派项目，开阔学生视野，学生通过在国外的学习、交流，提高了语言能力和思维水平。联合培养的方式给在校学子提供了不同的学习环境，使他们在新鲜惊奇之余可以广泛涉猎各个学科领域，提高学术兴趣，优化知识结构，深化思考能力，这种综合能力的提高在故步自封的学习环境下是没有办法达到的。

3. 多方配合，立足特色，培养应用型人才

高校在激烈竞争中取胜的关键是核心竞争力，而学生是高校通过投入各种资源而获得的最主要产出物。《国家中长期教育改革和发展规划纲要

（2010—2020 年）》第十六章明确指出：“适应国家经济社会对外开放的要求，培养大批具有国际视野、通晓国际规则、能够参与国际事务和国际竞争的国际化人才。”在当今全球化的时代，学生除了学习专业知识之外，还需要学习很多专业领域之外的技能。未来十年，是建设人才强省、和谐新陕西的重要时期。经济全球化把世界连成了一体，经济的国际化需求引发了人才的国际化需求。所谓的“国际人”应该具有全球意识、国际视野、跨文化交流能力、开放思维，懂科技、通外语、会经营、善管理，通晓国际贸易、金融、法律知识，拥有较强的国际市场竞争能力。如果陕西省地方本科院校能肩负起培养“国际人”的重任，则有可能在未来的高校竞争中获胜。国家在西部大开发中投入很多，提出的“丝绸之路经济带”可视为未来指导西部地区发展的新纲领，陕西省地方本科院校应妥善利用，积极结合自身特点，多方配合，培养应用型人才，以人才来建设经济繁荣、人民富裕、生态美好、社会和谐的新陕西。

教育是强省之基，人才是强教之本。在当今知识经济时代，国家综合实力的竞争，归根到底是人才的竞争。陕西省地方本科院校只有具备高素质、专业化、创新型、国际化的师资人才队伍，本地未来的经济发展才有可靠的保障。因此，陕西省地方本科院校一定要强化办学特色、提升核心竞争力，通过广泛的国际交流与合作，提升师资队伍的跨文化国际视野，实现自身的跨越式发展。

第三节　提升地方本科院校师资国际化水平的对策

一所地方本科院校师资国际化程度的高低可以用以下几个指标来衡量。一是本校外籍教师及出国归来学者占教师总数的比例。比例越高，则说明该校教师构成国际化程度越高。二是本校派遣出国进修、学习、访问及合作研究教师所占比例。比例越大，则说明本校师资国际化程度越高。三是本校举办和参加国际学术交流与合作的次数。次数越多，说明该校师资国际化程度越高。四是在本校学习、研究的外籍学者的数量。总数越多，说明该校师资国际化程度越高。五是该校师资管理体制与国际接轨程度。师资管理体制越适应国际规则和惯例，则说明该校师资国际化程度越高。六是该校师资整体的外语水平。水平越高则说明该校师资国际化的程度越高。因此，为了提高地方本科院校师资的整体水平，提高地方本科院校师资国际化程度，继而提高地方本科院校师资培养高级专门人才的能力和整体水平，相关人员应采取一定的对策和措施。

一、树立地方本科院校师资国际化理念

理念是思想和意识的提炼和升华，是一切措施和行动的最高指导原则。地方本科院校师资国际化的前提是要有地方本科院校师资国际化的理念。所谓地方本科院校师资国际化理念，就是地方本科院校在师资管理过程中具备国际意识。要从全球的视角来认识地方本科院校师资管理的改革和发展问题，积极促成地方本科院校师资来源的国际化，促进地方本科院校师资的国际交流与合作，促进地方本科院校师资的国际流动，重点培养教师的国际意识，加强教师对世界各国政治、经济、科学、文化、民族乃至风土人情的了解，使我国地方本科院校师资管理体制逐步与国际接轨，使我国地方本科院校师资力量融入国际高等教育的大潮中，参与世界高校人才的竞争。

此外，国际化办学理念也是地方本科院校师资国际化理念的重要体现。更新传统落后的办学理念，树立科学先进的国际化办学理念，是实现地方本科院校师资队伍国际化的前提条件。在高等教育日益国际化的今天，地方本科院校要想立足国际，放眼全球，参与国际范围的竞争，就必须牢固树立国际化办学理念，加快师资队伍建设国际化的步伐。一方面，要把国际化作为学校师资队伍建设的一个重要战略举措，把国际化理念贯穿到学校师资管理的全过程，大力开展多层次、宽领域的国际教育交流和合作，从而实现人才强校的战略目标。另一方面，地方本科院校师资队伍国际化要借鉴西方发达国家先进的教师管理模式，建立健全与国际接轨的符合我国高校实际情况的教师管理体制，搭建能与国际接轨的良好的人才服务平台。在教师的岗位聘任、专业技术职务聘任、岗位考核、绩效分配、教师引进与辞退等方面，都要与国际接轨，实现人才市场国际化、人才环境国际化、人才素质国际化、人才培养国际化、人才活动国际化和人才结构国际化的目的。

二、坚持“引进来，走出去”的原则，提高地方本科院校师资国际化程度

（一）加强对外优秀人才的引进力度

加强对海外优秀人才的引进力度，是实现师资国际化最直接、最有效的途径，特别是对于地方本科院校而言更是如此。为此，首先，要重视海外优秀人才引进的宣传工作。其次，加大对海外优秀人才引进的投入。要打破传统人

才引进的常规，对海外优秀人才的薪金、科研启动费、工作条件及安家费等，要敢于突破常规，尽可能为他们提供舒适、便捷并且能激发其成就动机和积极性的生活工作环境。再次，要注意创新海外优秀人才服务机制。学校要秉持“开创事业吸引人，创造条件揽住人，营造氛围塑造人，投入感情凝聚人”的思想，通过热情周到的服务、坦率真诚的沟通，使其能真切感受学校求贤若渴的愿望，促使其下决心加盟，并努力“将工作做到细处，把关心落到实处”，使其能尽快进入正常的工作状态。最后，要采取柔性化人才引进策略。海外优秀人才的引进可以打破身份和地域的局限，不求所有，但求所用，突出人才引进的柔性化理念，可以通过聘请国外某一领域知名学者担任兼职教授、客座教授或学校发展顾问的形式，实现海外优秀人才的共享。

1. 多层次、多样化引进海外优秀人才

我国一些地方本科院校在引进海外优秀人才方面的力度不断加大，1998 年开始实施的“长江学者奖励计划”是我国引进海外优秀人才的有效尝试，开辟了高等院校人才聘用的新模式，改变了地方本科院校相对封闭的人才状况，使地方本科院校教师队伍呈现出开放、流动的特点，为我国地方本科院校引进海外优秀人才起到了很大作用，促进了我国地方本科院校学科建设和学术交流，提高了地方本科院校的教学和科研能力。但该计划实施的层次和方式有些单一。正如曾任浙江大学校长的潘云鹤先生所说，现在国内高等院校的特聘教授大多属于年薪 10 万元的引进层次，大致相当于国外大学副教授。这些“副教授”的加入，提高了一些高等院校师资力量，对这些学校学科建设和学术水平的提高及学校自身国际声誉的提高起到了一定作用，作出了一定的贡献。但引进国外“正教授”和国际知名学者的数量不多，我们要想更快地缩小与发达国家高校之间的差距，不妨在以后的引进工作中力度再加大点，使层次和形式更加多样化。

（1）不惜重金聘请世界知名的专家学者。

世界知名专家学者都是某一学科领域的权威，站在世界学术的制高点，具有较高的学术水平、较强的研究能力和较大的人格魅力。聘请到这样的专家学者，对我国地方本科院校学术水平的提高会产生不可估量的作用。和这些世界著名的专家学者一起工作和交流，能使我国地方本科院校教师迅速了解和掌握世界学术发展动态和最新研究成果。在这些专家学者治学精神的影响下，我国地方本科院校教师的职业素养和治学精神能很快提高。在对这些专家学者的任用上，除了让他们负责学科建设和发展外，还可以让他们担任系主任、院长甚至是副校长等领导职位。虽然这些教授的年薪大大高出了国内同行的年收入水平，国家为此花费了大量资金，但他们为我国高等教育的发展，为提高我国地方本科院校的国际知名度和学科发展所作出的贡献却是无法估量的。

（2）重视人才，重用人才。

引进海外优秀人才的目的是提高我国地方本科院校整体学术水平和培养人才的能力。如果学校能把这些人才放到合适的工作岗位，用其所长，将发挥他们个人的最大潜能。既可以让他们作为学术带头人，也可以让他们从事一些管理工作。这样做的目的是给我国地方本科院校管理工作带来新的理念和思想，促进我国地方本科院校管理方法和手段的更新，对提高我国地方本科院校的整体管理水平大有裨益。

2. 更新管理理念，吸引海归人士

在国外学习和工作的海外学子和华侨已经有不少人在海外取得了令世人瞩目的成就。这些人虽然在海外发展前景很好，但其中有不少人仍抱有回报祖国的赤子之心，为数不少的人想用自己的成就报效祖国，但他们也不无顾虑，不是因为祖国无法提供优厚的待遇，而是因为担心自己在祖国的发展空间和发展前景。曾在英国布拉德福德大学任教的江健民教授说过这样的话，据我所知，陆续回国工作的留英学者中还没有教授想回去。说实话，目前在国外已当教授的不会甘心回国只当教授，他们不看重金钱和物质待遇，看重的是真正能成就些事。他们希望把在海外多年积累的丰富经验和管理理念结合国情付诸实现，推进我国地方本科院校教学、科研和管理水平的提高。江教授的这段话代表了一批海外学者的心声，他们是想通过自己积累的经验来报效祖国，也希望祖国的高校能为他们提供更好的政策环境。我们现在应该做的就是给这些海外学子提供好的政策环境和发展机会，给予他们更多的支持和帮助，只有这样才能吸引更多的海外学子效力于我国地方本科院校的整体发展。

（二）坚持“走出去”的原则，培养具有国际意识的教师

出国学习、进修、考察、访问及开展合作研究是地方本科院校培养具有国际意识和国际交往能力教师的重要途径，从而改善教师的知识结构，提高教师教学、科研能力，使教师掌握学科的前沿理论和发展趋势。国外高校十分重视教师出国学习、进修、考察、访问及开展合作研究。例如，美国各高校制定了一系列政策，采取各种措施支持教师出国，具有一定工作年限的教师享有学术休假，并能获得一定数额的资助到国外从事访问、考察和开展合作研究。国家和学校设有各种基金来资助教师出国，从而保证了教师及时更新自身知识结构，提高学术水平和研究能力。相比较而言，我国资助高等院校教师出国学习、考察、访问和合作研究方面的项目和计划较少。国家留学基金管理委员会

每年只公派 3000 人左右出国留学。高级研究学者、访问学者、博士后项目每年只选拔 200 名国家重点实验室骨干的高层次学者出国访问，所涉及的学科领域主要集中在通信与信息技术、农业高新技术、生命科学与人口健康、材料科学与新技术、能源与环境、工程科学、应用社会科学与 WTO 相关学科等七大领域。这种资助规模和学科的限制性，显然满足不了我国地方本科院校庞大的教师队伍的出国需求。为此，国家和各地方本科院校应该设立形式多样的教师出国资助基金，加大公派教师出国的力度，使更多的教师获得出国的机会。另外，国家还可以制定减免税收等优惠政策鼓励民间设立资助基金，建立更多的基金来资助教师出国学习、进修、考察、访问及开展合作研究，以提高我国地方本科院校教师整体学术水平。

三、建立与国际接轨的师资管理体制

一个国家、一所学校的师资管理体制是否合理，关系到是否能够合理配置教师资源，提高教师工作积极性和最大限度地发挥教师自身的潜能，关系到国家和学校是否能够更好地完成高等教育的办学目标。

随着国家对外开放政策的实施，国外先进管理理论的引入，新的管理思想和管理手段成功地在企业里实施，一些地方本科院校逐步借鉴了现代管理理论，实施了先进的管理手段和管理方法。特别是在 20 世纪 90 年代末，国家全面实施高等院校人事管理体制改革，彻底打破了地方本科院校教师的“铁饭碗”，建立了灵活的用人机制和分配机制，调动了地方本科院校教师的工作积极性，体现了地方本科院校教师自身的价值。可以说，这次高等院校人事体制改革取得了一定的成效。但我们不得不承认，在取得成效的同时，由于传统管理思想根深蒂固，多少会冲淡这次改革的成效。师资管理的科学化程度仍旧不高，运行机制还不能适应师资发展的要求，一些不甚合理的管理方法和手段还时常会在部分地方本科院校师资管理过程中出现。整个师资管理体制还和发达国家存在着一些差距，离地方本科院校师资国际化的要求还差一点。今后，我们必须立足我国国情，借鉴和吸收别国先进的管理经验，逐步完善现行的地方本科院校师资管理体制，最终形成与国际惯例接轨的师资管理体制。

（一）打破教师终身制，建立灵活的用人机制

终身制是 20 世纪 40 年代后，在美国形成的一种高校教师管理制度，现在已经在其他国家普遍实行。这种教师管理制度是以美国大学联合会和美国大学教授联合会共同发布的《关于学术自由与终身教授制的原则宣言》为标志，

旨在保证教师的学术自由和经济地位，其为保证美国高校的学术繁荣和维护教师的社会地位起到了重要作用。虽然美国高校有各自的晋升终身教授的标准和程序，但有一点可以肯定，在美国要想获得终身教授的职位，必须具备很高的学术水平，取得很高的学术成就，并经过一套严格的考核和选拔程序，最后只有一少部分教师获得终身教授职位。我国地方本科院校现在实行的是聘任制，但一些学校在实际操作过程中却使用“终身制”的方式。特别是对于教授和副教授，只要自己不走，学校便不会解聘。有的地方本科院校某一个学科的大部分教师是教授或副教授，对这些人不可能随意解聘。由于这些岗位不缺编，外面年轻有为的优秀人才很难进入，在一定程度上阻碍了人才的流动，不利于学术的发展和繁荣。

为了促进人才流动及学术的发展和繁荣，我国地方本科院校不妨实行终身制、定期聘任制和兼职制相结合的用人制度。对终身制教师可以采用校内晋升和校外聘请相结合的办法。但在实施的初级阶段，终身教师的比例要控制在一定范围内，不能过大，否则会影响人才流动和优秀人才晋升的机会，从而对教师群体的年龄结构产生不利影响。在校内晋升的终身教师必须是具有教授职称的学术带头人。学校根据教师的学术水平及成果，按照一定的标准进行考核，达到标准的可以获得终身教授的职位。从校外引进的终身教授，除了达到所要求的标准外，学校还要对其他方面进行调查，以避免盲目引进而造成人才浪费。终身教授考核要坚持以教学能力、学术水平和成果为优先原则，保证优秀中青年教师能脱颖而出。此外，终身教授学科分布不要搞平均主义，学校根据自身学科的发展情况决定。对优势学科，如果教师普遍学术水平较高则可以有更多的终身教师；对相对弱势的学科，如果教师达不到终身教授的标准，则宁缺毋滥。

定期合同制是以合同的形式规定教师任期的一种教师聘用制度。这类教师还不具备获得终身教授职位的条件，但通过自身的努力有机会获得终身教授职位，应占学校教师的大多数。对于这类教师的任期，学校可以根据学科发展情况以及教师本身所具有的素质签订任职合同，合同期限可长可短，长则5～6年，短则可以是2～3年。在任职期间，学校对其进行全面的考核，完成学校教学和科研任务的可以考虑续聘，也可以根据学科教学和研究任务予以解聘。教师在合同期满后可以选择离职或接受续聘。

（二）为教师的成长创造良好的制度与发展环境

现代管理理论认为，一个组织如果要想保持活力和创造力，不仅要重视人才，用好人才，更重要的是促进个体的发展，使个体的发展目标与组织的发展目标保持一致。地方本科院校不仅要合理地进行人力资源配置，更要创造有利于个体发展的制度环境，创造宽松、和谐、公平的发展环境。

1.“非升即走”，创造公平的竞争环境

在美国大学，特别是研究型大学里，教师的定期聘任始终坚持“非升即走”的原则，即教师在任职期间如果不能在规定期限内获得晋升，期满必须离校。由此造成的职位空缺通过人才招聘方式来填补。这样迫使教师必须全身心地投入工作，并不断取得成就，否则就会面临被解聘的风险。在美国研究型大学里，教授无论有多高的学术水平，只要在规定期限内没有达到学校规定的职务晋升或终身职位申请考核的硬标准，或者无论曾经取得过多么辉煌的成就，一旦没有取得新的成果，最终只能让位于他人。这样的用人制度既保证了教师在任职期间全身心地提高自身能力和学术水平，同时保证了人才的流动。我国在师资比较缺乏的情况下，全面实施“非升即走”的用人制度，显然还不成熟，但我们可以在地方本科院校里试行这种制度，使地方本科院校的教师真正流动起来。没有达到考核标准的教师让位于其他在层次较低学校的优秀教师，给其他教师提供公平的竞争环境，从而形成能上能下的流动机制。但实施这种制度的前提是制定一套科学、合理、系统的教师业绩考核标准和考核程序，没有硬性的考核标准和科学的执行程序，这种制度执行的结果就将会变味，达不到预期的目的。

2. 消除“官本位”思想，坚持“教授治校”

“教授治校”是西方发达国家高等教育管理制度的优良传统，教授在学校的管理过程中起到很大的作用，拥有很大的权力——大到学校政策、方针的制定，小到学校内部事务管理，并享有表决权，以保证教师团体的利益。在我国，虽然“教授治校”的呼声已久，并且有越来越强的趋势，但不可否认，目前我国地方本科院校主要还是以“行政治校”为主，从学校的各种委员会的构成情况来看，虽然委员会中具有教授职称的委员占相当大的比例，但大多数人具有教授职称和行政职务的双重身份，而无行政职务的教授委员所占的比例则很小。因此，要想真正做到“教授治校”，学校的决策组织机构必须增加无行政职务教授的比例，这些教授所占的比例一定要大于行政人员所占的比例。另外，国家要制定相关的法律或政策保证教授决策结果的有效性，并规定教授能够直接参与决策过程的每一个环节，包括咨询、审议、决策、执行、监督及实施结果的评审等。

3. 坚持学术造就人才，创造良好的学术环境

一所学校的学术氛围是衡量这所学校办学能力和水平的标志之一。名牌大学历来有着浓厚的学术氛围，走进校园，一座座古老的建筑，有关各种层次、形式的学术报告会及国际交流会信息的海报到处都是。在这种环境的熏陶下，教师能在潜移默化中触发灵感，提高素质，激发追求真理、提高自身学术修养的动力。因此，要想提高学校教师的学术修养、学术水平，创造良好的学术环境非常重要。首先，必须给教师提供更多的、较高层次的学术交流机会，邀请世界著名学术大师来校举办讲座，使教师特别是青年教师亲身感受其较高的学术修养和治学精神，这对提高教师的学术品位会有很大帮助。其次，形成全校尊重教师、尊重学术的气氛。学校的管理者尤其是高层管理者，要始终把教师的利益放到第一位，为教师的工作、生活提供舒适、宽松的环境，教师始终是管理者服务的对象。最后，要坚持以学术培养人、造就人。在人才培养与使用晋升上建立科学的评价体系与晋升机制，始终以学术为标准，而不论资排辈，并减少感情因素的参与。对一些达到了一定学术水平，并具备很高的研究能力的教师，不论其年龄，学校一定要重视他们，该评什么职称就评什么职称，使他们体会到自身的价值，从而激发他们向更高学术层次迈进。

4. “以人为本”，创造良好的人文环境

“以人为本”作为现代管理理念，已经渗透到世界各行各业的管理工作当中。顾名思义，“以人为本”是在管理工作中以人为根本，做到理解人、重视人、尊重人、培养人，促进个体的发展，以发挥人的主动性和创造性。随着改革开放不断深入，“以人为本”的管理理念贯彻到了我国地方本科院校的整个管理活动当中，充分调动了教师的工作积极性，提高了教师的创造力，提高了我国地方本科院校的办学能力和水平。地方本科院校教师作为社会中知识层次较高的群体，往往更需要理解、尊重和人文关怀。这就要求地方本科院校的管理工作者，彻底改变工作中“管”的思想，要树立始终为教师“服务”的思想。必要时要对管理者进行培训，使其在管理过程中注意工作方法和工作态度，真正做到服务教师，这是管理的出发点和归宿。

（三）提高教师的待遇与工作条件，提升地方本科院校教师职业的竞争力

一种职业对人才所具有的吸引力主要表现在这种职业是否能够给人才提供优厚的待遇以及实现个人价值的工作环境。当然，工作环境既包括“硬”环境，也包括“软”环境。所谓的“硬”环境主要是指工作的硬件设施和提供的

待遇；“软”环境则包括职业的受尊重程度、制度环境等。我国地方本科院校教师一方面存在着很大的缺口，另一方面流失现象又比较严重。流失的原因主要来自以下两个方面：一是国外竞争的压力，一部分优秀教师流动到国外高校和其他部门；二是国内其他行业对优秀人才的争夺。在我国人才竞争中，对地方本科院校构成的威胁主要来自效益较好的公司和政府部门。因此，为了保证地方本科院校教师队伍的质量，吸引更多的优秀人才，地方本科院校除了为教师提供好的“软”环境外，还要逐步提高其待遇与工作条件。

1. 坚持“稳中求升”，全面提高教师的工资标准

在党和地方政府的关怀下，地方本科院校教师工资待遇有了大幅度提高，特别是实行岗位津贴制以来，教师的实际收入比以前翻了一番，这在一定程度上保证了地方本科院校教师的利益，体现了地方本科院校教师的社会价值。但随着社会经济的发展，人均收入和生活水平的提高，地方本科院校教师的收入也要有相应甚至更大幅度地增长，否则会影响教师生活水平的提高和教师工作的积极性，出现新一轮的人才外流现象。

2. 拉开档次，坚持以能力和业绩取酬

地方本科院校教师工资标准在“稳中求升”的同时，应杜绝搞“平均主义”，要根据教师的业务能力和取得的业绩，拉开档次，保证一部分有显著业绩和作出突出贡献的教师的利益，从而起到激励其他教师积极工作、提高能力和学术水平的作用，进而提高地方本科院校教师的整体素质。这种分配方式要注意以下几点：第一，要建立科学、合理、公平、规范的教师能力、业绩考核体系。在考核过程中，要避免随意性和感情因素的参与。第二，建立教师考核委员会，其成员应该由院（系）领导、教师和学生组成，保证考核过程的公开性、民主性和考核结果的公正性。第三，在实施的过程中既要以职称、岗位取酬，更要以工作量和学术成就取酬。具有同一职称的教师，由于其工作量和取得的业绩不同，其收入也要拉开档次。

3. 改善教师教学和科研条件

教师的工作条件直接影响着教师的工作效率和教师对学校给自己提供的发展空间、环境的认可度。好的教学和科研条件有利于教师自身目标、价值的实现，教师对学校的认可度高，在工作中才能安心和舒心，愿意留下来。反之，教师就会向往条件更好的单位，造成地方本科院校人才的流失。因此，地方本科院校要根据自身实际，尽可能地改善教师教学和科研条件，满足教师的工作需求。

四、构建灵活多样的高校师资培训体系

培训是开发、培养人力资源，促进个体全面发展的重要方法和手段。地方本科院校教师与其他职业不同，除了要掌握深厚的理论知识外，还要具备一定的教学和科研能力，并随着科学技术的发展而不断充实和完善自己。在科学技术迅速发展、高等教育国际化逐步加深、国家培养国际化人才的教学手段和方法不断更新的情况下，地方本科院校教师必须具备国际意识和国际视野，了解世界科学技术发展动态，掌握先进的教学手段和方法。所有这些都要求教师不断发展和完善自己，积极参加各种形式的培训。国家和地方本科院校应根据教师的需求，随时改革和完善教师的培训内容，构建灵活多样的地方本科院校师资培训体系，以满足不同教师的培训需求。

（一）改革培训内容，以培养教师的国际意识和能力为主

随着世界科学技术的发展，作为科技的创造者和传播者的地方本科院校教师必须及时了解世界科技领域的最新发展动态。而要掌握科技领域的最新发展动态，教师就必须走出国门和国外同行进行学术交流及合作研究，这要求教师必须了解别国的历史、文化、风俗习惯及国际通用的规则和惯例，必须掌握一门或多门外语，以便与国外同行进行沟通和交流。我国地方本科院校教师的培训课程对此还不够重视。在教师培训课程的设置上，除了一些必要的培训内容如心理学、教育学、教育技术学等课程外，建议增设一些国际性的课程，如国际关系学、外交学、国外历史和文化、国际通行规则和惯例等。此外，师资外语培训应注重提高教师的口语表达能力。

（二）培训方式多样化，满足不同教师的需求

不同教师具有不同的培训需求。对一些地方本科院校重点扶持学科的教师而言，他们需要的是进一步提高自己的学术水平，以达到甚至领先本领域世界学术发展水平。对于外语不是很好的老师，他们需要的是外语的强化培训，以增强在国际学术交流中的沟通能力和国际交往能力。对于一些学术水平和教学能力不是很高的教师，他们需要的是进一步提高自己的理论水平、教学和科研能力。对于自然学科的教师，他们需要增加人文社会修养，而人文社科类的教师需要的是增加一些现代科学技术知识。对地方本科院校重点扶持学科的教师，资助其到国外进行学术交流与合作，增强其国际交往能力，并采取集中培训和个别培训相结合的方式，增强其外语水平和口语表达能力。学校可根据自

身学科发展状况和教师的情况，对不同层次的教师采取不同的培训方式，可以采取国外与国内培训相结合的方式。对教师而言，根据自己的情况，既可以参加校内的培训，也可以参加校外的培训。对参加校外培训的教师，学校应给予鼓励、支持。

（三）以国际学术交流与合作来改善教师的知识结构

国际学术交流与合作是促进国家间学术互补和世界科学技术共同发展的主要途径。学术交流与合作可使处于学术弱势的国家了解、掌握世界学术发展的动态和最新的研究成果，以提高本国学术研究能力，加速本国整体学术水平的提高，提高地方本科院校培养高级专门人才的能力。我国地方本科院校许多领域的学术水平和研究能力和发达国家相比还存在着一定的差距，因此我们要积极鼓励和支持地方本科院校教师参加国际学术交流与合作，吸收国外先进的科技研究成果，改善自身的知识结构，并把吸收和借鉴的成果尽快地融入教学中去，让学生了解和掌握最新的科学技术。这对提高地方本科院校学生的素质具有很重要的意义。今后，国家、地方政府和地方本科院校应加大教师参与国际学术交流与合作的力度，使更多的教师有机会参加层次较高的国际学术交流会，参加更多的国际合作研究。此外，地方政府和地方本科院校应积极主办国际学术交流会。举办规模可大可小，可以由当地政府举办，也可以由学校举办，还可以由学术协会举办。学校要经常邀请国际知名的专家学者到学校进行各种形式的座谈和讲座。同时，学术交流与合作所涉及的学科既要包括自然工程学科，也要涉及人文社会学科，从而使我国学术水平整体协调发展。

（四）与国外高校积极合作，建立国际性的师资培训体系

近年来，随着我国教育市场的逐步开放及高等教育国际化的逐步深化，我国高等院校与国外的交流与合作规模不断扩大，形式越来越多样化。我们在与国外高校合作过程中，完全可以与国外世界一流大学联合进行师资培训工作，每年让地方本科院校派遣一定数量的教师到世界一流大学进行学习、进修和开展合作研究，建立长期的师资培训合作关系。

地方本科院校师资国际化是世界高等教育和人才流动的发展趋势，我国地方本科院校师资的培养与建设必须尽快、全方位地适应新的国际教育形势的发展，要真正解放思想、实事求是、与时俱进。地方本科院校在面临国外人才竞争压力的同时，要坚持树立教师是地方本科院校办学主体，是地方本科院校发展的第一资源的思想，要坚持地方本科院校师资国际化的理念，逐步改革和

完善地方本科院校师资的管理体制，使之形成与国际接轨，符合国际规则和惯例，并适合我国国情和民族特点的师资管理体制。随着我国国力的逐步增强和地方本科院校声誉在世界上的不断提高，相信会有越来越多的层次较高的专家学者到地方本科院校从事教学和研究工作，会有越来越多的海外学子回到地方本科院校为我国培养高级专门人才和提高学术水平作出贡献。

随着高等教育国际化的深入发展，地方本科院校师资国际化已经是未来发展的必然趋势，也是今后我国地方本科院校师资管理的主要发展方向。在地方本科院校师资国际化进程中：地方本科院校树立师资国际化理念是实现地方本科院校师资国际化的关键；坚持“走出去，引进来”的原则，培养具有国际意识的教师是实现地方本科院校师资国际化的基础；建立与国际接轨的师资管理体制是实现地方本科院校师资国际化的方向；构建灵活高效的地方本科院校师资培训体系是实现地方本科院校师资国际化的保障。

珠联璧合篇

第八章　高等教育国际化背景下的中外合作办学研究

第一节　中外合作办学现有模式

有关中外合作办学模式的研究，多数学者赞同三种主要的国际合作办学模式，即融合型、嫁接型和松散型。融合型模式是在人才培养过程中把我国高校的教学模式和国外合作学校的教学模式完全融合在一起：引进合作学校的教学计划、教学大纲、教材和相关教学手段；聘请合作学校教师来学校讲课，派遣学校教师去合作学校进修；引入合作学校的教学方法，如课堂讨论、实践环节、案例教学等。嫁接型模式主要是充分保留各自的教学模式，通过对合作学校开设课程的评估，互认学分，使学生获得双方学校规定的学分，即可获得其中学校颁发的毕业证书和学士学位证书。松散型模式就是通过邀请国外教师来我国学校讲学，派遣学校教师去国外学习，借鉴国外的教学经验，让学生去国外短期学习、实习等手段，实现教学与国际接轨。杨辉博士则主张将中外合作办学从合作和办学两个方面，分别进行研究。①

一、合作模式

合作模式指的是在中外合作办学中，中外双方以什么样的方式参与合作，各自承担什么样的责任和义务。

（一）独立机构与非独立机构

独立机构是指具有独立法人资格的中外合作办学机构。它不隶属任何单位，在课程设置、教师聘用、招生和财务等方面自主运作。这种模式是理想化

① 杨辉．中外合作办学模式初探 [J]. 教育评论，2004（4）：4-9.

的中外合作办学模式，也是我们所说的真正意义上的中外合作办学。但是，它要求有大量的资金投入，以及完善的配套设施。因此，在我国采用这种模式的以非学历教育的培训机构居多，因为它运作周期短，投入回报率高。非独立机构是指没有独立法人资格的合作办学机构，它一般是隶属某一学校，或是该校的二级学院，在理事会的领导下独立运行。非独立机构资金投入少，主要是借助主体学校的资源。同时，它也作为主体学校的一个国际交流的窗口，便于主体学校整合更多的合作办学的资源，找到更适合主体学校引进优质资源的模式。

在师资培训、引进课程、引进先进管理经验方面，机构也为主体学校起到了试行作用，便于主体学校更好地实现“为我所用”的理念。独立机构的生存与发展均依赖自身的经营，通常表现为一定的企业行为，注重投入产出。它必须有一定的规模来支撑机构的良性运行和发展，比较注重宣传推广，重视建立自身品牌和长远发展。这类机构的另一特点是投入较大，学校要达到配套完备，必须有一定的资金和物质保证，特别是开办初期，需要有雄厚的资金支持。目前，这类学校以非学历教育居多。非独立机构的特点是形式灵活多样，可根据不同学校的特点和需求来设计合作项目，规模可大可小，进可发展成为独立的机构，退可由主体学校消化吸收，没有太大的后顾之忧。非独立机构具有从属性的特征，利于办学的资源共享，从而节约投资；具有较好的辐射功能，与主体学校有多方面的互动关系。

（二）局部合作与整体合作

局部合作一般是指我方教育机构由其中一个系或者一个专业进行合作，引进外方课程，由外籍教师担任部分课程的教学；整体合作指的是我方的某个学校或院系，通过中外合作办学，使原有的运作模式和名称不复存在，取而代之的是中外合作办学的新机构。例如，原长春邮电学院同加拿大莱姆顿学院、美国诺斯伍德大学签署了合作办学协议，成立了原长春邮电学院-莱姆顿学院。这种模式风险性大，要求配套完备，如果开始运作不顺畅，则不利于持久发展。学校在与外方合作过程中，有可能因为文化背景不同、管理理念不同，造成管理上的滞后，不利于引进外方先进的教学理念和教育资源。整体合作的特点是必须有完整的机构，有多方面配套设施，需要较大的投资。在开办的初期，品牌尚未形成，社会认可度有限，生源的数量难以保证。当数量达不到要求时，时常出现牺牲质量（如降分招生）以保证数量的做法。两者相较而言，局部合作有诸多的优势，如便于校方按需选择合作项目，可根据需要选择对方的强项与我方所急需的项目进行合作。局部合作对硬件和软件的要求也比较容易得到满足，如可用我方院（系）原有教室上课，师资可采用拼盘方式，中外结合。通常这部分招生是纳入计划的，生源质量有保证，容易寻找合作伙伴，容易达成合作意向，不失为一种较理想的合作模式。

（三）一对一合作与一对多合作

一般的中外合作办学机构采用一对一的合作模式，即中国的一所教育机构与国外相应的一所教育机构在某些专业或课程方面进行合作。例如，福建农林大学与加拿大新斯科舍农学院合作开设园艺、农业资源与环境两个专业。这种合作方式有利于引进国外的优质资源，因为选择的是对方的强项专业或者我方相对薄弱的专业。一对一的合作项目便于双方更加深入、全面地相互了解，建立长久、稳固的关系，属于较紧密型的自然合作。还有的合作办学机构采用的是和多方合作的模式，这样可以把各校的优质教育资源整合起来。这种合作模式，一般通过和外方的教育集团或者代表外方几所学校的机构合作进行。通过合作，几所学校的资源可以共享，并相互承认学历和学分。这种一对多的方式，是目前比较受欢迎的一种合作模式。一对多合作项目的最大特点是可扩大我方利用国外教育资源的范围。它不仅在引进外方教师、课程内容、教学体系方面有较大的选择空间，而且创造了更多的中外合作办学机构毕业学生赴外方留学的机会。学生可以从原来只能选择一所院校，增加到可选择几所院校，并享受合作校所认可的种种优惠。同时，这种项目可靠性较高。由于有了几所不同学校作为参照，我们易于判断这类学校在本国所处的水平和地位，从而减少盲目合作的风险。另一好处是这类学校开放办学的意识较强，除了国内加盟外，它们的国际交流合作较为频繁，便于达成合作意向。不足之处是这类学校可能会同时与几所不同学校开展合作，项目多而广，不容易集中力量。这对我方的办学是个考验，特别是对那些合作办学经验还不成熟的院校。

（四）单方投资与双方投资

实施中外合作办学项目，需要有相应配套的硬件设施。多数项目是利用我方合作校现有的校舍，或在校外租用房子进行装修后投入使用，外加一些必要的教学设备。这需要有一笔资金投入，通常做法有单方投入和双方共同投入两种。单方投入多数是由我方院校负责筹措资金，建好必要的教学设施后投入使用。在这种情况下，外方只负责提供软件方面的合作，如输出课程，外派教师以及知识产权的投入等。双方投入是由中外合作双方共同出资，这种情况较少见。外方合作校有严格的年度财政预算制度，通常不会预留这部分资金，较少用出资的形式与我方合作。换言之，在现有政策背景下的中外合作办学，主要是以引智办学为主，引资办学则不太现实。我方单方投资使合作的利益分配变得比较复杂，因为外方多数是以知识产权的形式投入，如输出课程、外派教师等，很难用具体数额来测算双方的实际投入比。外方追求的除了经济利益外，还追求一种潜在的间接利益（如招生等）。中外合作办学的硬件设施要求往往定位在较高标准上，才能与中外合作办学机构的品牌相匹配，才能与市场的期待值相一致。所以，这类投资通常要高于国内同类学校的投资。由于中方合作校的投资能力有限，不可能有较充裕的资金投入，造成了多数合作办学项目是以文科、管理科学为主，对试验设备投资资金量较大的理工科的引进较少。双方共同投入的项目则有其明显的优势，由于双方都有资金投入，都参与办学的全程管理，利益和责任都以协议方式明确规定出来，而且经过政府部门的批准，这种合作和交流就更加具有系统性和整体性，有助于办学的全面合作和交流。此外，由于双方都有经济投入，因而更加关注办学的经济效益和社会效益。

（五）校校合作与校企合作

我国的中外合作办学模式基本上是校校合作的模式，即中国的教育机构与国外的教育机构就某些专业、课程、项目进行合作。这种合作办学模式在中外合作办学中采用得较多，适应面广，合作方式多样。这种合作模式有利于我国的学校弥补自身专业课程的不足，但在实行过程中往往外方教育机构不投入资金，只引进教师资源和课程，导致我方投入太大。

还有一种模式就是校企合作的模式。随着《中华人民共和国中外合作办学条例实施办法》的出台，中外合作办学允许企业介入。企业可以投入资金，获得一定收益，但不能参与教育教学管理。校企合作模式的好处是有企业投入资金，这也是校校合作模式所缺少的。而且企业愿意把资金投入学校硬件设施的建设方面，这样既能减轻校方在启动资金方面的压力，又可以提高办学的硬件水平，也容易和国外的教学条件接轨。由于企业行为是需要回报的，这种合作项目营利特征较明显，办学动机变得比较复杂，这也给合作各方职责权利的规范增加了一定难度。这类合作办学机构在经营中注重追求利润。其唯一的收入来源是学生的学费，所以扩大招生和获取一定水准的学生，就成了这种机构最大的外在追求。为了达到这一目的，经营中这种机构会做一切有利于吸引学生、扩大生源的事情，其中包括降低录取分数、放宽教学要求等。其结果是学生水平参差不齐，有的学生完成不了预定的学业，影响了学校的信誉。这是所有注重盈利的中外合作办学机构的通病。

（六）外方教师为主与中方教师为主

中外合作办学很重要的一个方面，是看外籍教师在全部课程结构中所承担教学任务的比例。一般来说，外教比例越大，实质性的引进越多，但成本也越高。现有中外合作办学项目中通常是两种情况：以外教为主或以中方教师为主。

以外教为主的中外合作办学项目，如青岛大学霍尔姆斯学院，其商务专科学生在两年半的课堂学习中，就有 800 多个课时由来自不同民族、文化、宗教、地域背景的 8 位外籍教师讲授。大部分课程是由外方教师来讲授，所用的教材亦是直接从国外引进的。外教通常分长期和短期两部分。长期（时间在半年以上）外教以语言教师为主，多半是招聘来的。短期外教多是专业学科教师，每位教师集中教完一门学科后就回国，通常是几个月、几周甚至几天。这些教师多数是从原合作校选派，也有部分采用招聘的方式。以外方教师为主的合作模式成本较高，必须按外方教师在本国的工资标准来支付工资，这通常是我方教师正常工资的六倍以上，还要外加国际旅费。这部分开支只能从学生的学费中列支，使学生负担较重。外教的比例越高，办学成本也越高，学生所需缴纳的学费就越高。外教的教学多数是采用原版国外教材，对学生的外语水平要求较高，要求学生能完全看懂国外原版教材，即使是外语水平很高的学生，在相当长的阶段都会有困难，所以学生学习的压力较大。它还具有外方占主导地位的特征，我方在整个教学管理上可能居被动地位，是一种对我方而言比较有压力的合作。同时，这种合作较易达到真正引进的目的，不但在课程内容上可以引进，而且在教学模式、管理模式、教学理念上，都可起到直接借鉴作用，是一种政策所鼓励的引进模式。

以中方教师为主的合作，中方教师通常承担公共课课程以及相应的基础课和部分经双方协商认可的课程。这部分教师必须外语水平较高，以便在教学中能与外教有效沟通。以中方教师为主的合作，成本低、沟通容易，但实质性的引进较少。这种合作在教学上，中方占主导地位，国内原有的教学内容、教学方式仍部分保留；师生之间沟通较容易，学生学习压力较小。这种模式中比较理想的是消化吸收型的合作，即总体上先以中方课程体系为主，在此基础上引进一定比例的外方课程，由中方教师组织力量，消化吸收这些外来的优质教育资源，待我方教师完全掌握了这些新课的教学内容和教学方法后，再相应地减少外教，由我方教师教授这些课程。这样可大大降低办学成本，达到真正引进的目的，不失为一种长远的战略。

二、办学模式

办学模式是指举办、管理或经营学校的体制和机制的模式。

（一）学历教育与非学历教育

中外合作办学从总体上划分，可分为学历教育和非学历教育两大类。正规的学历教育主要以高等学历教育居多，还有部分高中阶段的中等教育和中等职业教育。高等学历教育主要以本科和专科学历为主，还有部分研究生学历教育，如 MBA（工商管理硕士）项目等。本科和专科教育的合作形式多种多样，有单文凭、双文凭、单校园、双校园等。

学历教育对办学条件、课程设置、教学安排、生源质量等有较多规范性的要求，合作双方通常比较认真对待，能够制定较长远的规划。这种项目对社会较有吸引力，可满足社会对学历文凭的需求，是我国正规文凭教育的一种补充。同时，可以满足部分学生对出国留学的需求，便于真正引进国外在学历教育方面的整套规范性做法，便于我方合作校消化吸收。这种引进具有可比性，在同一学历层次上国外的课程及教学规范要求可以同我方原有的要求进行比较，从而找到差距，并吸收它们科学合理的做法。不足之处是这种文凭教育往往导致学校所负责任较大，中外合作双方文化背景差异大，相互了解有限，所设计的教学规划在落实中会有偏差，有时满足不了学生的需求。例如，双校园的教学安排，有的学生根本无法达到要求，也无法进入国外大学学习。

非学历教育则以技能和证书培训为主，分布在各级各类教育当中，也包括学前教育。非学历教育培训的项目主要以国际上认可的、通用的专业技能为主，以获得诸如会计师证书、英语等级证书等为目标。

非学历教育的合作形式灵活多样，主要以需求为主导，紧扣市场和就业技能要求，对办学条件的要求相对不那么高，服务的对象通常局限在一定的专业领域。不过，优势也明显：一是目标定位明确，针对性强，所选项目往往是当今社会所需求的专业技能，如会计师培训，使用国际通用的教材，我国加入世贸组织后，企业大量接触国际商务往来，普通财务人员需要有这方面的知识。二是项目新颖，这些项目往往填补了空白，如厦门航空公司与新加坡航空学院合作的专门培训机场管理人员项目，其中的安检系列培训课程，在国内尚属空白，非常实用。三是能为就业或继续深造提供前期准备，如各类外语等级培训：雅思、托福、GRE（美国研究生入学考试）、剑桥商务英语、英国A水准考试培训等。不足之处是这类国外合作机构往往背景较复杂，有的是带有商业运作性质的营利性机构，对质量进行监控有时较难。

（二）全日制与非全日制

绝大多数中外合作办学机构（项目）以全日制模式运行，但也有部分项目是以非全日制的形式合作。全日制合作具有较正规、传统及通常合作办学所共有的特点。非全日制合作是一种值得关注的带有创新特点的合作，它是适应社会需求所产生的新的合作方式，具有以下几个特点：第一，为公务繁忙或因其他原因不能参加全日制学习的在职人员提供学习提高的机会，解决了这部分人的工学矛盾。第二,一些全日制中外合作办学机构聘请的多是一般的外籍教师，而非全日制合作项目较容易聘请到外方高层次的专家学者前来授课。第三，这种高水平、短时间的授课，往往是“压缩饼干”式的，传授的是学科专业的精华所在。第四，这种教学模式培养了学员的自学能力，适合成年人，通过网上作业，师生之间可以远距离双向互动，有些难题还可在面授时加以解决。这种学习不但培养了学员的自学能力，而且通过自己摸索得来的知识更加牢固。第五，国内合作校可以获得可观的副产品，同专业教师可以旁听，能真正接触到国际上该学科的尖端内容，开阔眼界，学到新的知识，提高自身水平。不足之处是这种合作模式的办学成本较高，所聘请的教师通常是水平较高的专家学者，其本身的价码较高。学校支付多次国际往返旅费，大大增加了成本。学员通常必须支付高额学费。比如，国内某些MBA项目的学费高达数十万元，一般人难以承受。

（三）单校园与双校园

中外合作办学中最常见的模式是单校园和双校园模式。单校园模式指的是国外留学不作为教学的一部分，学生在中国境内完成预定的学业，即可获得相应的文凭和证书。双校园模式指的是学生必须分两部分完成学业，一部分在中国境内的合作校内完成，另一部分在国外的合作校内完成。通常有“2+2”“3+1”“1+2+1”“2+1”“1+2”（数字代表年数）等模式。合作院校在各自校园内为参与项目学生所提供的学习期限，往往因校而异，在最初的协议里可根据需要设计不同的期限比例。这种合作模式是现有中外合作办学项目中最常见的模式，也最受学生欢迎。

单校园合作模式的特点是学生的学习全部在国内完成，与国内一般的办学形式相比，仅仅在教学计划、管理方法、入学要求、发证形式以及收费标准上有所区别。学生能够受到贴近国外教育方法的训练，是一种不出国门的留学，而且不受出国签证限制。我方在此类模式中的主控权比较突出，外方处于客方的位置，有利于我方“以我为主，为我所用”原则的实施和发挥；有利于我方引进外国教学资源和课程等，在校内产生辐射作用，借鉴并推广好的教育组织形式、教学方法和教学内容等。同时，学费相对较低，学生只需多支付引进外方资源所产生的费用，生活费等开支与国内相同。教学全过程易于掌控，学生较多地接受中国文化的熏陶。

双校园合作模式的特点是教学分为国内和国外两部分进行，在大部分情况下，国内教初级课程，国外教高级课程，国内教育是国外教育的预备。国内通常以强化外语训练为主，兼授部分专业课程。这种合作模式对学生有较大的吸引力，特别是对那些渴望到国外留学而又没有适当途径的学生，这是一条既稳妥又经济的路子。对学生而言，可获得较大的受益。外方合作校对这种项目往往兴趣较高，主动性较强，因为他们可以从合作中获得境外的生源。对我方合作校而言，比较容易寻找到合作伙伴。项目由于与出国留学直接挂钩，对社会吸引力较大，往往有较充足的生源。双校园合作模式除了能给学校带来经济利益外，还能给学校带来其他方面的好处，如扩大知名度、树立品牌等。这意味着“2+2”“3+1”等在国内读一段时间再到国外读一段时间的方式，将成为中外合作办学的主流。

双校园模式最大的不足是在具体操作上困难很多。比如：在集体申请护照上，受国内有关规定的制约，签证往往不以中外合作双方的意志为转移；学员在国外学习结束后能否按计划全部回国无法保证。已有不少的办学事例表明，由于无法实现赴“第二校园”学习的计划，引发了不少社会问题。至于一些办学机构以到国外学习作为亮点来招徕学员，更不足取。这种合作项目是以输出生源为中心的教学活动，课程引进方面的工作相对薄弱，对外方高层次的教师和教学资源引进较少。这种合作项目学生在国内学习期间，往往以强化外语为主，出国留学预科的氛围较浓。我方合作校的受益有限，学生的受益大于合作校的受益，眼前的受益大于长远的受益。

（四）单文凭与双文凭

在中外合作办学的学历教育中，有两种常见的文凭发放办法，一种是单文凭，另一种是双文凭。

单文凭教育是指学生完成学业后只获得我方院校或外方院校的文凭。在单文凭教育中，又以获外方文凭居多，它是一种较流行的做法。例如，集美大学与美国库克大学的合作办学项目是获得国务院学位办批准的中外合作项目，由集美大学的二级学院招生。其主要招收高中毕业或相当于高中学历的学生，学制为四年。学生按照规定课程学习，完成学业且成绩合格，取得集美大学的相关证明，符合美国库克大学学位授予条件的，授予库克大学管理学学士学位。这种只获得外方院校单文凭的项目，通常对学员的入学条件要求不高。学员经过几年学习后，即可获得国外合作校专科或本科文凭。其在本科阶段通常采用“2+2”或“3+1”“1+3”等形式，学生必须在中外双方校园里各完成一段时间的学习，最后获取外方院校颁发的文凭。

双文凭项目对学生的入学要求比较严格，学生必须通过高考录取分数线方能录取。学生可以选择全部时间在国内完成，亦可选择双校园“2+2”“3+1”等模式。家庭经济条件不好或外语水平无法达到要求的学生，不必支付高额费用到国外学习，在国内学校同样可获相应文凭。上海大学悉尼工商学院、同济大学中法工程和管理学院，都属于这类学校。

单文凭项目的特点是采用国外大学宽进严出的办法，入学时无须进行严格的考试，这为广大的高考落榜生和那些无法正常考上大学的学生提供了一条进入大学殿堂的途径。生源往往比较充足，加上能到国外留学，对学生有较大吸引力。它还有审批方便、经济效益高的特点。其不足之处：由于入学门槛较低，生源质量参差不齐，教学水准难以保证。对引进的外方课程部分学生无法很好地消化，无法真正完成学业。双文凭项目属于中外合作办学模式中较正规的一种，学生必须具备一定的条件（如通过高考等）方能被录取，必须完成双方院校拟定的教学大纲。其特点是相对国外单文凭项目，生源不是很充足，但学生一旦入学，大多数可以顺利拿到文凭。学员的发展前景比较广阔，进则可以到国外留学，退则可以获得国内大学文凭。这是比较受欢迎的一种模式，但由于受条件限制，目前办得很成功的仍然不多。

（五）引进型合作与非引进型合作

在双校园合作办学中，存在着两种不同的合作形式：引进型合作与非引进型合作。

引进型合作是指在合作办学过程中，我方合作校真正拥有引进的外方合作项目。以“2+2”双校园项目为例，学生前两年在我方院校学习，后两年到国外学习。前两年在我方院校学习的课程必须含有外方引进的课程，通常外方课程比例不少于 50%，多则可全部使用外方课程。同时，聘有一定数量的外方教师前来授课。学生学完这些课程后，所获学分可以累积，并带到第三年在国外院校的学习中去。这种合作称为引进型合作。

非引进型合作就是在“2+2”或“3+1”的双校园合作模式中前两（三）年在我方大学学习的课程全部以我方原有的课程为主，除了加强外语训练强度外，几乎没有外方课程和教师。但是，外方学校承认学生在我方院校学习的学分，并且允许学生将之带到外方院校，继续完成第三年和第四年的学业。这种合作，实质上是互认学分的合作，没有实质性的引进。这些年来，这种方式在中外合作办学模式中屡屡出现。

引进型合作是一种正常的合作，具有我方合作办学的普变特性。国内和国外相结合模式是近年来较流行的一种做法，既能真正做到引进国外优质资源，又能增加对学生的吸引力。其目的是共同培养学生，同时我方能借此项目获得诸多附加利益：通过与外教合作或组织听课等，培养、锻炼我方教师，提高师资队伍的水平；通过引进外方课程，了解国外先进的学科内容，逐步地消化吸收，为我所用，彻底改变教师以往“一本教案”加“一支粉笔”的“满堂灌”的旧模式；通过与外教在教学上的合作，了解新的教学模式和教学方法，了解西方国家先进的教育理念和教育管理方法；选派教师到合作方大学进修，回国后这些教师能用外语上专业课；改变了传统的以教师为中心的上课模式，要求学生搜集资料，注重学生的参与性，变学生为教学活动主体，从根本上提高了学生的能力；通过课程和师资的引进，大大提高师生的外语水平。这些附加利益的获取，实际上是我方出让教育市场，鼓励中外合作办学的根本目的。非引进型合作模式是畸形的模式，是投机取巧或是变了样的合作办学。从严格意义上说，它不能算中外合作办学，而是一种互认学分的做法。但是，这种模式有一定的扩张性，它能给合作校带来好处。一旦冠以“中外合作办学”的名义，就可以收取较高的学费，外方学校无须任何付出就可以获得我方的生源。它不是政策所鼓励的中外合作办学。从实质上说，我方院校只是用现有资源，为学生出国留学架起桥梁，学校本身除了获取一些经济利益外，在其他方面并无明显收获。

（六）计划内招生与计划外招生

生源是中外合作办学赖以生存的重要条件，不同的生源决定着中外合作办学的发展前景和发展方向，也构成了不同的模式——通常有三种情况：只招计划内学生、只招计划外学生和两者兼而有之。计划内招生多见于正规本科或专科层次的学历教育院校，通过每年国家的高考招生计划招收高考录取分数线以上的学生，生源质量有保证，通常是那些想出国留学、家庭经济条件较好的学生报考这类学校。计划外招收的学生无须高考上线，学校往往降分招生，不受国家计划约束，录取线可根据学生报名的多少来确定。这类学生大多为高考落榜生，合作机构安排让学生完成学业后获得国外合作校的文凭，以弥补学历上的不足。

学历和非学历教育兼而有之，生源面较广，通常是分层次办学。计划内招生受高考录取分数线限制，生源数量有限，但生源质量较高，较容易按计划完成学业；计划外招生，只要有经济实力，学生均可报名，为那些因高考没有达到录取分数线的学生提供了一条新途径，但生源质量较差，程度参差不齐，有的无法完成学业。因此，计划内与计划外招生本身是一对质量与数量的矛盾。照顾到质量，数量上便受到影响；照顾到数量，往往影响到质量。处于高考录取分数线以下的学生对中外合作办学的需求比较旺盛，但由于质量难以保证，这类生源往往给学校带来很大的压力，直接影响中外合作办学质量的提高和一些初衷的实现。这一矛盾如果处理不当，容易使办学走向畸形发展的道路。不少学校为了招揽生源，不顾一切降分招生，结果使原有教学计划难以实现，学生难以按原计划毕业，大大影响了学校在社会上的声誉。

第二节　中外合作办学政策对教育国际化的影响

一、推动了高等教育国际政策的发展

（一）推动了高等教育境外办学政策的发展

“引进来”和“走出去”是高等教育国际化的两翼，二者必然相互影响。我国先推行的“引进来”政策，以其巨大的反响和成功效应，势必对“走出去”政策的出台和发展具有较强的推动作用。

中外合作办学与境外办学同属于跨国教育的范畴，二者如影随形，相互影响。1995 年，《中外合作办学暂行规定》（2004 年 7 月 1 日废止）颁布之后不久，《国家教委 1996 年工作要点》就提出“加强对高等学校境外办学工作的管理”，《国家教委 1997 年工作要点》中再次提出“制定境外合作办学管理办法”。2002 年 12 月 31 日，《高等学校境外办学暂行管理办法》（2015 年 11

月 10 日废止）由教育部发布，将境外办学界定为“高等学校独立或者与境外具有法人资格并且为所在国家（地区）政府认可的教育机构及其他社会组织合作，在境外举办以境外公民为主要招生对象的教育机构或者采用其他形式开展教育教学活动，实施高等学历教育、学位教育或者非学历高等教育”，这标志着我国高等教育开始“走出去”进行合作办学。江苏省作为率先开展并积极推进中外合作办学的省份，也是率先探索“走出去”办学的省份，在力邀国外知名大学来江苏进行合作办学的同时，积极鼓励江苏省有条件的高校到国外去办学。南京中医药大学 1988 年就率先在葡萄牙和挪威开设了中医专业；在全国率先开办中外合作办学的南京大学，也于 1996 年在新加坡开设中国语言文学专业，成为较早开展境外合作办学的高校之一。2012 年 12 月，时任教育部国际合作与交流司副司长生建学在福建省教育外事（港澳台侨）工作座谈会暨中外合作办学专题研讨班上表示，今后，中外合作办学会朝着境外办学的模式发展。2019 年，《高等学校境外办学指南（试行）（2019 年版）》（以下简称《指南》）正式发布。自 2018 年 2 月以来，在教育部指导下，中国高等教育学会系统开展了高等学校境外办学课题的专项研究。《指南》正是该项研究的重要成果。《指南》的出台能给高等学校境外办学提供实操层面的技术指导，能促进高等学校境外办学健康规范地可持续发展，为服务中外教育合作和人文交流发挥积极作用。

（二）推动了对外汉语政策的发展

我国于 1987 年就成立了“中国国家汉语国际推广教学领导小组办公室”（简称国家汉办），致力于对外汉语教学工作，但经过多年的发展，其组织模式却局限于举办汉语教学点。从 2004 年起，我国开始采用中外合作办学的形式启动孔子学院建设。2007 年，《孔子学院章程》获得通过，将孔子学院确定为非营利性教育机构，境外符合条件的法人机构可以向孔子学院总部申办孔子学院，总部批准后，与申办者签订协议并颁授孔子学院铭牌，对新开办的中外合作机构设置孔子学院，由外方承办单位和我方共同筹集年度项目经费。2013 年 2 月，《孔子学院发展规划（2012—2020 年）》正式发布，将“坚持中外合作、内生发展”作为孔子学院发展的基本原则之一，提出“采取中外学校、企业及社团合作办学模式，统一名称、统一章程，积极发挥中外各方面作用，遵守孔子学院所在地的法律法规，尊重当地文化传统和习俗，共建共管”。

（三）推动了留学政策的发展

改革开放初期，我国留学政策较为谨慎，只有关于公派留学的政策。1984年，国务院发布《国务院关于自费出国留学的暂行规定》，初步放开了自费留学政策；1995 年，《中外合作办学暂行规定》出台，其中第二十七条中规定“合作办学机构颁发外国学历、学位证书的，应由中国国家学历、学位主管部门核准”；1996 年出台的《关于加强中外合作办学活动中学位授予管理的通知》对此进行了补充规定，“经国务院学位委员会办公室审核批准，中外合作办学活动中颁发的境外学位证书，必须按国务院学位委员会的有关规定，经鉴定和注册后，在我国境内方能有效”，这宣告了通过中外合作办学取得境外高校学历、学位的合法性；2003 年出台的《中华人民共和国中外合作办学条例》对该项政策进行了完善，不仅维护了中外合作办学的严肃性，而且维护了学习者的合法权益。基于此，民间也称中外合作办学是“不出国的留学”“家门口的留学”“本土留学”等。

二、推动了高等教育机构国际化的发展

国际化的高等教育机构，一方面包括一个国家（地区）在国（境）外设立的高等教育机构，另一方面也包括在国（境）内设立的中外合作高等教育独立机构，以及在国（境）内高等教育机构内设立的开展国际化事务的二级机构。高等教育机构国际化可以从侧面反映一个国家高等教育国际化的情况。中外合作办学政策是中外合作办学机构和项目数量增加的直接推动因素。我国的中外合作办学得到国家政策的大力支持，自 1995 年《中外合作办学暂行规定》发布以来，中外合作办学机构和项目实现“快速生长”。2020 年中国教育在线发布的《“双一流”建设高校本科阶段中外合作办学数据调查报告》显示，1995年全国中外合作办学项目只有 71 个，经过 20 余年发展历程，中外合作办学取得了长足发展。截至 2019 年底，全国已有 600 余所高校举办中外合作办学机构和项目，数量达到 2238 个，覆盖了全国除西藏、宁夏以外的 29 个内地省市。合作对象涉及近 40 个国家和地区，800 多所外方高校，包含理学、工学、农学、医学、法学、教育学等 11 个学科门类 200 多个专业。中外合作办学机构和项目每年招生超过 15 万，在校生超过 60 万，其中高等教育占 90% 以上，毕业生超过 200 万。目前，中外合作办学已进入了高水平、示范性发展的新阶段。截至 2019 年底，本科层次的中外合作办学机构 88 个，独立法人办学机构 9 个，中外合作办学项目 881 个。在 137 所“双一流”建设高校中，举办有中

外合作办学机构或项目的超过 86%。“双一流”建设高校举办中外合作办学机构 45 个，中外合作办学项目 189 个，举办机构和项目数量约占本科层次中外合作办学机构和项目总数的 25%，堪称中外合作办学的主力。项目数量位居前五的省份是江苏、北京、河南、上海和黑龙江。

三、推动了高等教育课程国际化的发展

（一）推动了外方课程的引进

课程国际化是高等教育国际化的核心内容之一，因此，我国中外合作办学政策把课程的国际化看作重中之重，“国家鼓励中外合作办学机构引进国内急需、在国际上具有先进性的课程和教材”“中方学校引进的外方专业课程（包括专业基础课和专业核心课程）应至少占全部专业课程的三分之一；由外方教师面授的专业课程门数和教学时数应至少占所有专业课程门数和教学时数的三分之一”。这些政策推动了我国高等教育课程国际化的快速发展。以江苏省为例，2000 年以来，江苏共引进约 2600 门外方专业核心课程，合作共同开发课程约 500 门，引进 20 多种“国际通用职业认证资格证书”。2013 年，教育部对 24 个省市 143 个办学单位的 346 个中外合作办学机构和项目进行了评估，合格率达到 83%，有条件合格率 14%，不合格率仅 3%。虽然并没有关于课程国际化的详细数据，但由此可以推断，此次评估中的绝大多数中外合作办学机构和项目在外方课程引进方面达到教育部规定的三个“三分之一”要求。在 2014 年的评估中，满足这个条件的项目有 43 个，合格率为 59%；引进外方核心课程数量达标的项目有 68 个，合格率为 93%，其中更是有 34 个项目引进外方课程数量超过了总数的三分之二。①

（二）推动了课程内容和教学模式的国际化

引进外方课程必定会带动课程内容的国际化，如鼓励通过合法渠道引进先进教材，并由外方教师授课等。支持在紧缺和薄弱专业开展合作办学，引进课程和先进教材，如广州大学与意大利院校合作协会（ICU）合作开展了具有开拓性的维修工程技术教育项目，所用教材三分之二是由合作双方共同编纂，既吸收了外方先进的理论知识，又符合我国工程技术教育的实践需求，具有较高的学术和实用价值。同时，国外先进的教学模式和方法也被引入我国高校课

① 任峰．高等教育国际化背景下中外合作办学政策实施研究 [D]. 开封：河南大学，2016.

堂，如重视学生独立思维能力的培养，注重与学生互动交流，注意学生解决实际问题能力的提高等，并培养了一批具有国际视野的教师，进一步提高了课程国际化的程度。

四、中外合作办学政策对教师国际化的影响

（一）引进了一批外方师资

中外合作办学政策要求“以国外教育机构名义面向全球招聘的教师，其资质水平要同时得到中外方教育机构的认可”“提高高等学校聘任外籍教师的比例”。该政策对外方教师的质量和数量进行了规定，使得大量的外籍教师到我国中外合作办学高校任教，改变了我国高等教育的教师结构，有利于推动教师国际化的发展。例如，江南大学北美学院有一半教师是来自欧、美等发达国家，并且外籍教师的招聘经过严格规范的招聘程序，候选教师的资质由外方合作院校和江南大学双方审核，审核合格以后报送到国家外国专家局审批，由国家外国专家局对审核合格的外籍教师颁发外国专家许可证后才能够到学院来任教。2005 年，有 500 余名外籍教师在加拿大戴尔特国际商学院于中国的 14 个中外合作办学机构工作，其中约有 5% 的教师来自加拿大戴尔特国际商学院本部，70% 的教师是从母语为英语的国家招聘而来，25% 的教师是从在中国工作或生活过一段时间的外国人中招聘。2007—2010 年，共有来自美国和澳大利亚的 40 余名外籍教师在山东科技大学中外合作办学项目中为学生上课，这些外籍教师具有注重规范、以人为本、尊重学生个性等特质。华北科技学院与加拿大凯璞澜诺大学合作举办的商务管理专业，年均聘任外籍教师 12 人，授课课时占总课时的 72%。西安思源学院 2005—2008 年共有来自英国、美国、加拿大等国家的 12 名外籍教师在中外合作项目中任教。延边大学科技学院有来自韩国、美国、德国等 11 个国家的外国教职员工 122 名，占教职工总人数的近 50%。

（二）推动了本土教师的国际化发展

为配合外籍教师上课，中外合作办学高等院校一般会为外教选派中方教师做助教、辅导教师、合作教师等，以负责信息反馈、咨询答疑、课后辅导、实践指导等，配合或与外教合作组成教学团队共同完成教学任务。通过这种教学形式，可以逐步提高本土教师的国际化水平。

（三）吸引了一批海外优秀人才回国服务

中外合作办学因其特殊性，自产生就大量招聘海外留学人员回国任教，吸引了一批海外优秀人才回国服务。例如，坐落在河南省驻马店市的黄淮学院，2012 年其负责中外合作办学的国际学院就拥有海归博士、硕士 20 多人，占中方教师总数的 31.3%。

五、中外合作办学政策对科研国际化的影响

2010 年以后，我国中外合作办学政策开始重视学术交流和科研的国际化，将境外科研机构也列为合作办学对象。例如截至 2012 年，浙江科技学院依托中外合作办学与德国合作院校和科研院所在艺术设计、农副产品生化制造与加工、绿色节能建筑、汽车电子及物流技术等领域共同建立了 5 个国际合作科研平台；与奥登堡应用科技大学共同成立了绿色建筑研究所，承担了国家自然科学基金、浙江省自然科学基金重大项目、浙江省科技计划项目、杭州市科技局项目等多个纵向和横向项目的研究，主持了浙江省建筑节能红外检测技术标准的制定；与德国德累斯顿技术经济大学共同成立了汽车电子研究所，多次获得浙江省外国专家局引智项目资助，研究成果得到德国 BOSCH（博世）以及日本 DENSO（电装）等国际知名汽车零部件企业的关注，并与日本 DENSO 公司合作为国内各大客车制造企业提供电动大客车空调控制系统；与德国弗劳恩霍夫物流研究院合作，开展了《特色水果适度可视化监控冷链运输车及其关键技术研究》项目的合作研究；与弗劳恩霍夫物流研究院共建食品物流与配送技术实验室，获“十二五”农村领域国家科技计划课题研究任务“农产品节能冷链物流设备研制”1 项。2013 年 1 月，天津大学、美国佐治亚理工学院与深圳市政府就在深圳虚拟大学园区内筹建“天津大学与佐治亚理工学院深圳合作研究院”达成合作办学协议，并决定开展中外合作办学和科研合作。2016 年 2 月，华中师范大学与澳大利亚伍伦贡大学合作设立“华中师范大学伍伦贡联合研究院”，旨在引进澳大利亚伍伦贡大学的课程体系和学术标准，在培养具有创新能力和创业才能的高水平国际复合型人才的同时，将开展以需求为导向的高水平科研合作，注重研究和推广对核心领域产生显著影响的科研成果，实现产学研协同创新。

第三节 中外合作办学的问题、改进对策与发展趋势

一、中外合作办学的问题

（一）中外合作办学经营行为的问题

1. 中外合作办学机构的产权不明晰

中外合作办学机构的产权不明晰，使出资方和合作方利益都不能得到有效的保护。产权即所有者对资产的占有权、使用权、收益权和处置权。由于我们过去强调中外合作办学的公益性质，不能以营利为目的，所以在产权问题上形成两个误区：一方面是中外合作办学机构的外方出资人认为学校的资产将来是属于社会的，不是属于自己的，因此对资产的使用有短期行为，如抽逃资金转移海外、挪用资金投资其他领域、随意挥霍资金等。另一方面，中外合作办学的中方有时是以知识产权即无形资产的形式和外方合作的，造成外方出资人认为中方没有投资，因此中方对办学机构资产没有占有权、使用权、收益权和处置权。事实上，中外合作办学机构正是利用了中方的品牌效应和无形资产使学校的资产规模实现快速扩张，而中方权益因上级主管部门没有明确界定而丧失。此外，中外合作办学机构的资产包括投资人出资部分、政府低价出让土地使用权部分、中方知识产权带来的收益部分、学生学费滚动发展部分和社会各界捐赠部分。这几部分中只有举办者出资部分和每年投资合理收益部分归举办者所有，而其他应归中外合作办学的法人机构所有，举办者个人也无权占有和处置，但对这些产权，政府主管部门和社会中介机构都没有进行严格界定。

2. 资产管理混乱

按照《中华人民共和国中外合作办学条例》的规定，中外合作办学机构实行理事会领导下的校（院）长负责制，理事会应审查批准每年办学机构的预、决算方案，也只有理事会有权对办学机构的资产进行支配和处置。但目前大多数中外合作办学机构的理事会名存实亡，不能真正发挥作用，往往是创办人说了算。因此就出现了有的创办人通过各种渠道非法将资金抽逃出境；有的创办人随意将学校资产转移到其他投资领域谋利，从而影响了学校的可持续发展。根据《中华人民共和国民办教育促进法实施条例》的规定，民办学校的出资人

在经营学校的盈利中可以有合理的回报（此条例也适用于中外合作办学机构），但合理的回报应由理事会提出合理的比例，经社会中介机构审计并报主管部门批准才可实施。而目前的状况是投资人认为学校的收益都是自己的，所以可以归个人任意处置。

中外合作办学经营上的不规范有体制上的原因也有观念上的原因，主要包括：一是过分强调教育的公益性，忽视中外合作办学作为商业存在的盈利动机。事实上，外方到我国投资办教育的最大动机就是看准了我国有庞大的教育市场，有较大的盈利空间，既然政策上强调公益性，外方就可能会通过不规范的手段取得利润。二是教育主权观念淡化，忽视对教育的政治功能的监管。外方到我国投资办教育，也可能有一个不可忽视的动机，就是通过引进西方的价值观念来影响我国年轻一代的意识形态。但我们只是空泛地讲要维护我国的教育主权，可是在具体的实践中，政府部门在管理体制、领导方式、干部使用和监督手段等方面硬性的规定还不全，实际上弱化了中方在办学中的领导地位和主导地位。三是过分强调对外资投资办学的支持和优惠，忽视对中外合作办学机构的监督和领导。中外合作办学作为我国教育事业的有益补充和重要组成部分，理应给予大力的支持和多方面的优惠，应该创造宽松的环境使其快速地发展。但教育属于上层建筑领域，是百年大计，政府在大力扶持的同时应加强对中外合作办学的监管和规范。目前各级政府和主管部门对外资办学的支持力度很大，但对中外合作办学的监管力度不够。例如，对理事会是否行使职权，是否发挥作用；财务状况是否经过审计机构审计；员工和学生的权益是否得到保护等方面的问题，政府的监管措施还需要更加完善。

（二）中外合作办学管理行为的规范问题

1. 决策机制不健全，决策具有随意性

《中华人民共和国中外合作办学条例》中明确规定：具有法人资格的中外合作办学机构应当设立理事会（董事会），每年至少召开一次会议，对重大问题（如发展规划、年度计划、审核预决算、确定员工工资标准等）进行讨论决策。平时经理事会（董事会）1/3 以上组成人员提议，可以召开临时会议，研究决定重大问题。但目前中外合作办学机构中大多数理事会（董事会）不健全，有的虽然设有理事会（董事会），但很多时候学校的重大问题都是举办者或出资人说了算。因此，重大问题的决策具有很大的盲目性和随意性。

2. 领导体制不顺畅，举办者和办学者关系不协调

我国高等教育服务贸易对外承诺中，不允许外资在我国独立举办高等教

育机构，必须与国内高校合作才能举办独立设置的高等教育机构。一般是理事长由外方投资人担任（主要负责筹措资金、发展规划），校（院）长由中方推荐人选，理事会聘任（主要负责学校的教学和日常管理）。由于外方投资人认为校（院）长是合作方推荐的，自然代表中方利益，因而不愿放手让校（院）长全面负责学校的教学和日常管理工作，要么亲自介入学校的财务、人事、教学等管理工作，要么指派亲属或亲信作为自己的代言人来控制学校的人、财、物。这样举办者和办学者经常处于矛盾冲突之中，这种不规范的管理行为影响和制约了中外合作办学高校的健康发展。

3. 管理队伍不稳定，工作没有连续性

中外合作办学机构中的管理干部队伍，除校（院）长、党组织负责人由中方选派外，其余人员都是面向社会招聘。因此，在此类高校中普遍存在着管理队伍不稳定、人员流动频繁的现象。这种频繁的流动，使工作没有连续性，也影响了管理的效率。

导致中外合作办学管理行为的不规范的原因主要有：第一，举办者对民主决策机制的误解，导致合作办学机构的权力机构（理事会）形同虚设。到我国投资办学的出资人一般有一些愿望，即按照自己的意愿创办一所独具特色的学校，而理事会组成人员中按规定中方人员不少于50%，这样，举办者就担心自己的意志通过理事会体现不了。也有些举办者在经济利益、政治利益等方面有自己的企图，怕通过理事会实现不了。因此，举办者往往对理事会这种决策机制有抵触情绪，重大问题从不经理事会讨论决定，习惯于个人拍板。第二，政府在监管上的误区导致合作办学的外方处于强势地位，中方处于弱势地位。外资到我国投资办学，引进国外优质的教育资源，对我国扩大高等教育资源是一个有益的补充，政府理应大力扶持，但在监管方面会出现误区。一是为了不影响投资环境，当合作双方出现矛盾和冲突时，政府部门往往说服中方作出让步。二是把中外合作办学的高等教育机构视同私立的民办高校，因此，在人、财、物等办学资源的配置和使用上强调以外方为主，中方管理者始终处于从属地位，无法在办学过程中行使办学者的主导权。第三，举办者在用人观念上的误区，导致管理队伍不稳定，人员流动频繁。外方投资办学的举办者为了体现自己的办学意志，对聘用管理干部的评价往往以对自己的忠诚度为标准，而不是以业务素质、管理能力为标准。这样造成的结果是那些有思想、有个性、有能力的人因不适应这种办学环境，不愿干；那些懂规矩、会管理、敢于坚持原则的人因不愿对举办者或代言人唯命是从，举办者不让干。再加上此类学校大多采用家族式的管理模式，一般是投资人的亲属或亲信控制着学校的人、财、物，但他们不一定懂教育、懂管理，所以人们对此类现象总结为“现代化的校园，作坊式的管理”。

（三）中外合作办学教学行为的规范问题

1. 不顾办学基本条件盲目开办新专业

中外合作办学的高校为了迅速扩大规模，争先恐后地上新专业，根本不考虑其办学的基本条件能否满足开办新专业的要求，造成学生入校后由于没有专业师资，专业课开不出来；由于没有配套实验室，实验课开不出来；由于没有专业图书，学生无法完成教师布置的作业。有的以培养实用型人才为目标的专业没有相对稳定的教学实习基地，使得教师无法组织实践性教学等，客观上影响了教育、教学的质量。

2. 师资队伍的结构层次不合理，满足不了教学的基本要求

中外合作办学的高校在师资队伍建设方面普遍存在着四个失衡：一是年龄结构失衡，多数学校缺乏中年教师，有的系就一个退休的老教师领着一帮刚刚走出校门的年轻人在授课；二是职称结构失衡，缺乏具有高级职称的教师；三是专兼职教师比例失衡；四是学历层次和知识结构失衡，具有硕士以上研究生学历的人员不足 20%，名牌大学的本科毕业生也很少。① 由于师资水平低，教学效果不佳，学生学习的积极性受到影响，从而造成学生虽然付出了高额学费但没有享受到优质的教育资源的现象。

3. 招生宣传夸大其词，误导家长和考生

中外合作办学的高校在办学前期由于不具备办学条件，知名度不高，为了吸引考生往往在招生中采取夸大宣传、含糊其词的做法来误导家长和考生，如夸大校舍面积、夸大师资中教授的比例、夸大就业率等。由于对此类高校没有进行过严格的检查和评估，主管部门在审查招生简章时无法界定和把关。不少考生入校后发现受骗，但为时已晚。另外，有些中外合作办学的高校和国外高校合作实施“3+1”或“2+2”模式，学生可以不通过国家统一考试入学，但它们在招生宣传时对能否取得文凭、国家是否承认学历、能否出国学习等问题含糊其词，不少考生盲目入学，结果是虽然支付了高昂的学费，但拿不到国家承认的学历文凭。

原因分析：

---

① 李传彬．高职院校中外合作办学师资队伍建设的思考 [J]. 无锡商业职业技术学院学报，2012，12（6）：68-71.

第一，经济利益的驱动，导致学校过分追求扩大办学规模而忽视教学质量的提高。中外合作办学的高校在前期的校舍建设中需要大量的资金投入，但外方投资者往往资金不能按时到位，有的采用在我国银行贷款的办法边做基建边招生；有的采用施工单位先垫资、分期付款的办法边施工边招生。由于投资人还款压力较大，所以急于扩大招生规模，用收取学生的学费支付欠款或用学费的结余滚动发展。因此，不顾办学条件盲目开办新专业、盲目扩大招生，结果是损害学生的利益。

第二，社会观念对中外合作办学机构的偏见，导致聘用不到高水平的师资。中外合作办学的高校，是按民办机制经营的高等院校。由于民办高等院校在前期办学中的不规范行为，人们普遍对民办高等院校存在一种偏见。另外，传统的观念认为公办大学正规、稳定，其中员工有主人翁的感觉，而私立高校不正规、不稳定，其中员工处于被雇佣的地位。因此，高水平、高素质的教师只愿意在公办大学之间流动，即使有较高的工资待遇也不愿到中外合作办学高校就职。

第三，政府主管部门监管措施不具体，导致教育消费者的合法权益得不到有效保护。办学要有基本的校舍条件；开办新专业要有配套的师资、实验室和图书；教学质量要有具体的评价指标，这些都需要教育主管部门的检查和评估，并向社会公布。但目前，监管部门的监管措施还不够具体，对不具备办学条件、教学质量差的学校有时没有及时限制招生或停止招生，使教育消费者的合法权益得不到有效的保护。

二、中外合作办学问题的改进对策

（一）中外合作办学经营行为的规范问题改进

1. 重视保护外资的合法权益

规范合作办学的经营行为，首先应重视保护外资的合法权益。教育是WTO规则下的“服务贸易”，中外合作办学在WTO的规则下是“商业存在”，外国资本首先是把教育作为具有丰厚利润的产业而进入中国市场的。因此，中外合作办学机构的出资人可以从每年办学的结余中取得合理回报，并受法律保护。这样外方出资人就可以名正言顺地从办学经营中获得利润，可激发外资投资办学的积极性。

2. 应规范会计制度和完善审计监督

出资人从当年办学的结余中提取合理的回报，是指中外合作办学机构扣除办学成本并按规定预留发展基金和提取其他必需的办学费用后的结余。因此，主管部门必须定期检查办学机构的会计制度是否健全，是否依照《中华人民共和国会计法》和国家统一的会计制度进行会计核算和编制财务会计报告：在理事会（董事会）确定出资人取得合理回报的比例后，主管部门应要求该办学机构向社会公布其办学水平、办学质量、财务状况等有关办学的书面材料，接受社会的监督；主管部门应委托社会审计机构每年对中外合作办学机构的财务状况进行审计，并将出资人取得回报的数额和审计结论报上级主管部门备案。

3. 应以税收手段调节出资人盈利的额度

出资人从办学的经营收入中提取回报，政府应采取税收手段来调节出资人的利润收入。既然外资是把教育作为一项产业而进入中国市场的，国家就应该以产业经济政策而不是事业政策来规范中外合作办学的经营行为。在承认外资盈利合理性的前提下，充分考虑教育产业的特殊性，政府可以考虑在合作办学设立后的 3 ～ 5 年内予以免税，以鼓励合作办学的发展，在学校发展成熟后可以以较低的税率对合作办学征税。此外，应切实维护中方合作者的合法权益。在中外合作办学设置的独立办学机构中，中方往往是以其知识产权及无形资产与外资合作办学。因此，政府应将中方的知识产权和无形资产按折价入股的办法确定中方的投资比例，并在合作办学的章程中加以明确。此外，要真正发挥理事会（董事会）的决策作用，保证中外合作办学的经营行为沿着规范的轨道发展。

（二）中外合作办学管理行为的规范问题的改进

1. 强化理事会（董事会）的作用

要健全理事会（董事会）的决策机制，强化理事会（董事会）的作用。在政府主管部门的监督下健全中外合作办学机构理事会（董事会），并作出硬性规定，对办学中的重大问题必须经过理事会（董事会）讨论决定，否则，不具备法律效力。

2. 提升中外合作办学高校的管理层次

提升中外合作办学高校的管理层次，强化校（院）长在办学中的行政中心地位。中外合作办学的高校尽管是按民办机制运行，但它不是私立的民办高校，因为合作方的中方一般是具有一定知名度的公办高校。因此，政府主管部门应该将校（院）长纳入省管干部的范围，使其接受中方高校和上级政府主管部门的双重管理。这样举办者及教职工就不会认为校（院）长只代表中方高校的利益，而是代表政府主管部门在行使办学者的职责，并在理事会（董事会）的领导下全面负责学校的教学和日常管理工作，这样就强化了校（院）长在合作办学中的行政中心地位，保证中方在合作办学中的主导权。

3. 完善自我约束机制，保障管理干部和员工的合法权益

中外合作办学的高校，除了需要政府主管部门加强外部的监管外，还要在内部建立一套自我约束机制。一是完善理事会（董事会）领导下的校（院）长负责制，使举办者的意愿通过理事会（董事会）的决定体现出来；理事会（董事会）的决定通过校（院）长贯彻执行，校（院）长对理事会（董事会）负责；中层以上管理干部执行校（院）长办公会决定，对校（院）长负责。二是建立分层管理、各负其责的管理机制；三是建立工会组织，使员工通过教职工代表大会等形式参与民主管理，保障员工的合法权益。

（三）中外合作办学教学行为的规范问题的改进

1. 严格按照教育部规定的基本办学条件标准审批新专业

教育主管部门在审批高校开设新专业时不能只看书面申报的材料，而应到学校实地考察。当然，为了扶持这些高校上规模、上专业，可以先试办，在试办期间教育主管部门必须对专业师资、实验条件、图书资料等是否达到基本要求进行评估，如果达不到要求就要作出限制招生或暂停招生的决定，以督促学校加大资金投入，改善办学条件，满足专业教学的基本要求。

2. 加强对中外合作办学高校教学水平的评估工作

教育主管部门应加强对中外合作办学的高校教学水平的评估工作，并向社会公布评估结果。按民营机制运行的高校，由于经济利益的驱动，往往采取节省成本开支、压缩教学投入的办法使其尽快收回投资或获取高额利润。因此，教育主管部门应对此类高校每 3 ～ 5 年进行一次教学水平评估。一是通过评估，以评促建，以评促改，促使这些学校把办学结余的大部分资金继续投入改善办学条件，不断提高办学水平；二是通过评估向社会公布各所学校的评估结果，可以使考生和家长得到客观的信息，以便准确地选择学校。

3. 建立行业自律机制，完善行业内的竞争与监督

目前全国已有 1000 多家中外合作办学的高校，对这些学校的监管和规范单靠教育主管部门的力量是不够的，应借鉴西方发达国家成熟的经验，大力倡导建立行业协会，发挥行业自律机制的作用来规范中外合作办学的行为，如在政

策咨询、质量评估、教学指导、教育改革等方面形成行业内的标准和共识，并经常性地进行交流、检查和监督。

三、中外合作办学发展趋势

中外合作办学发展快，纷繁多样，对我国高等教育来说，实属可喜之事。同时，其绚丽外表下的众多问题，也使其自身的地位和声誉在国人心目中大打折扣，甚至产生了极为不良的影响。这为它以后的生存和发展带来了极大的困难。

（一）从当前中外合作办学的发展态势看

中外合作办学还会进一步持续发展，其发展势头一时不会减弱，但这未必就是好事。这说明我们的合作办学处在一种引进的、只是量的发展阶段，根据事物的发展规律，中外合作办学下一步应该进入合乎理性的、冷静的、发展质量的阶段。因而，现阶段务必要花大力气和时间对现有合作办学中存在的问题进行整顿，把提高办学质量作为合作办学发展的生命线：专注质量的提高和特色项目的培育，提高社会的认可度，拓展其生存空间。

（二）从学科的发展趋势看

目前中外合作办学集中在商科和技能培训上，工商管理教育在中外合作办学项目中多是为中国培养急需人才，未来应该面向全球输送人才。目前的招生对象多为中国生源，最终模式应该是通过合作走向国际化，逐步减少对外方合作伙伴文凭的依赖。因此中外合作办学应向多学科、多元化发展，加大在高新技术如农业、生命科学、新材料领域的合作办学力度，并注重引进国外较成熟但国内没有或较新的专业和学科。

（三）从最终发展目标看

“开展中外合作办学的最终目标是国际化。”曾任对外经济贸易大学的校长陈苏东是这样看待合作办学的发展趋势的。这就要求我们必须达到真正的国际化的办学标准，具备国际化的视野，敢于参与国际竞争。一方面，我们要将国外的生源引进来，为他们提供既独具特色又符合国际化标准的学科教育组合；另一方面，我们要走出去，到国外去办学，在国际范围内跻身教育竞争之林。“中国的大学应该有这样的雄心壮志，在国际上打出中国大学的品牌。”陈苏东说。

（四）从发展过程看

合作办学往往要经历引进、嫁接、本土化和国际化四个阶段，即从直接引进到实现国外国内的课程嫁接，然后达到课程和师资的本土化，最后向国际化发展，着眼于招收国际学生，创出自己的品牌。从这个角度看，我国中外合作办学还有很长的路要走。因此，合作办学要以最快的速度解决现有问题，提高办学质量，才会有美好的发展前景。

第九章　国际化趋势下地方本科院校外事工作管理

第一节　国际化趋势下地方本科院校外事工作的内涵及作用

随着社会的发展、教育改革的深入和高等教育国际化，学校与社会各部门、各领域的联系越来越紧密，学校除了协调好学校内部及其所处社会环境中各有关部门、团体或人群之间的关系，更应该顺应国际化潮流，协调好学校与其他国家的有关部门、团体或人群之间的关系。而且，随着学校自主权的扩大、自主经营机制的确立，教育行政部门和行政指令的影响力将逐渐减小，学校的生存发展必须依靠自身实力。作为高校管理工作的重要组成部分，外事管理工作是地方本科院校对外联络交流的主要窗口，是国际学术文化交流的重要桥梁。地方本科院校外事管理工作成了提升学校办学水平，提高教学质量，服务高等教育教学改革，服务科教兴国战略的重要环节，也成了地方本科院校国际化的必要条件之一。地方本科院校外事工作要在推动大学和高等教育国际化的同时，不断地与时俱进、积极创新，实现可持续发展。

一、地方本科院校外事工作的内涵及其内容

教育外事是指教育对外交流与合作，是对外文化交流的一个分支。地方本科院校外事工作是教育外事的一个重要组成部分，是地方本科院校国际交流的主要枢纽。在早期，地方本科院校外事工作仅仅局限于单纯的外事迎来送往，后来发展到对外语类教师的聘请等工作。高等教育国际化对我国地方本科院校来说，不应该只是高等教育的外国化，更应是在国际高等教育体系中注入中国的成分。当前地方本科院校外事工作既有开放性，也有服务性，其基本目的有三个：第一，为地方本科院校教学科研服务；第二，为培养社会经济文化

建设人才服务；第三，为推进高等教育国际化服务。

总体来说，地方本科院校的外事工作包括以下几大方面：外事联络和接待工作、引进国外智力资源工作、派出工作、国际科研与教育交流合作和留学生工作。

（一）外事联络和接待工作

外事联络和接待工作是地方本科院校外事工作的主要内容，主要包括对外联络、交流与服务，为教师和学生提供经费和机会，使更多的教师和学生走出国门，选拔和聘任外教，派遣教师到国外讲学、进修和进行研究工作，创造条件接收更多的外国留学生，积极筹备和召开国际学术研讨会及对外汉语教学研讨会，还包括境外来访团的接待工作。在教育国际化的大背景下，国外不断派团来我国地方本科院校进行学习和交流，外事部门如何做好对来访团的接待也是一项重要工作，这对接待人员提出了很高要求，需要他们不断加强学习并提高综合素质。

（二）引进国外智力资源工作

引进国外智力资源工作是国际教育交流的重要组成部分，是提高地方本科院校教学、科研水平的基础性工作，也是营造校园国际化和多元文化氛围的重要手段。在引智工作中，聘请是关键，管理出效益。地方本科院校要注意聘请的外国专家是否有解决本校教师不能解决的问题的能力，其专长是否与本校的教学科研和学科建设的方向相吻合。他们不能只是学校的“花瓶”、学校国际化的表征，而应该是出于教学科研的切实需要，要有利于学校的发展，能够弥补和充实地方本科院校教学和科研工作的薄弱环节，能够促进与国外学术界的交往，促进地方本科院校学科的发展，开阔教师的视野。同时，我们还应注意对国外智力资源的充分利用，充分发挥国外专家的专长，重视他们对教学科研和学科建设的合理的建议和要求，定期评估和分析他们的教学特长和效果，积极总结，吸收国外先进经验和方法。

（三）派出工作

派出工作主要是指地方本科院校外事工作负责办理教师因公出国（境）的申请与报批，组织并管理学校各类人员赴国（境）外参加国际学术会议、访问、讲学、公派出国留学、自费留学、探亲访友等工作，同时包括相关的联络、组织和管理等工作。根据教育部官方网站发布的消息，2018 年，我国赴外国留学生总人数为 66.21 万人，同比增长 8.83%，持续保持世界最大留学生生源国地位。从 1978 年到 2018 年底，我国各类出国留学人员累计达到 585.71 万人。其中，153.39 万人正在国外进行相关的学习和研究，432.32 万人已完成学业。365.14 万人在完成学业后，选择回国发展，这部分人占已完成学业群体的 84.46%。①

（四）国际科研与教育交流合作

在经济全球化的今天，国际交流与合作已经成为各个大学争取优秀人才、提升国际声誉以及引领文化思潮的主要渠道。国际科研与教育交流合作是中外人文交流、公共外交的重要领域，在国家总体外交中和地方本科院校的国际化进程中均具有重要的战略作用。1994 年，全国共批准设立 70 个中外合作办学机构，截至 2020 年 6 月，中国中外合作办学机构和项目达到 2282 个，其中本科以上机构和项目 1196 个。

（五）留学生工作

坚持“扩大规模、优化结构、提高质量、规范管理”的方针，积极扩大来华留学生的规模，提高层次和质量，这是把地方本科院校建设成世界一流大学、服务外交全局的重要体现。地方本科院校外事部门应承担起外国留学生的各项事务性工作，包括对留学生的招收、管理、教学等工作。留学生的数量和质量体现了学校与世界接轨的程度，要把留学生教育与学校的发展规划结合起来，以提高留学生的学习质量，提高学校的国际声誉。

二、地方本科院校外事工作的原则及其职能

（一）地方本科院校外事工作的原则

地方本科院校外事工作既是一种管理职能，又是一种管理活动，为学校管理目标服务。尽管学校外事管理工作的活动模式不同，外事管理的具体工作方法多种多样，但要有效地开展外事工作，应该遵循互惠互利、双向沟通、全员公共关系、诚实守信的原则。

① 中国政府网 . 教育部：2018 年度我国出国留学人员总数达 66.21 万人 [EB/OL].（2019-3-27）[2022-10-20].http://www.gov.cn/xinwen/2019-03/27/content_5377428.htm.

1. 互惠互利原则

在外事管理工作中，管理主体、公众的行为都是受一定的利益（物质利益、精神利益等）驱动，在维护自身利益的同时，也要维护对方的利益，这便是互利互惠原则。学校外事管理工作坚持互惠互利原则，首先要以社会利益为本，注重社会整体利益，使学校的教育符合社会主义办学方向，符合社会需要。其次要以公众利益为重点考虑内容。学校的任何行为都应考虑是否符合公众的需求，是否能够帮助公众解决实际问题，是否会损害他们的利益。有些活动、行为在短期看会给学校带来损失，但学校应高瞻远瞩，因为外事管理工作的着眼点是组织的长远目标。作为培养人才的学校，其劳动成果更具迟效性，因此，学校外事管理工作的有效进行必须坚持有利于人才培养的根本目标，即使暂时对学校不利也应坚持，以争取社会公众的长期支持，从对公众的利他行为转化为公众对己的“利己行为”，从而最终取得利己的效果，达到互惠互利。

2. 双向沟通原则

学校外事工作的展开要在学校外部公众间建立起双向沟通的网络，即一方面利用各种媒介对外传播，使外界认识、了解和关注学校；另一方将外部公众的信息、建议等反馈到管理工作中来，便于学校管理者和决策者及时了解外部需求，从而调整、改善学校外事管理工作。要真正做到双向沟通，很重要的一点便是学校外事管理工作者必须认识到学校与外部公众双方是处于平等地位的，这样才能在双向交流和交往中互相倾听意见，获得共同进步。

3. 全员公共关系原则

公关是团体性的工作，社会组织中的每一个人都处于一定的公共关系中，它要求组织必须遵循全员公共关系的原则，学校外事管理工作也必须遵循这一原则。学校要处理好学校与公众特别是国外公众的公关工作，必须调动外事管理工作者的公关积极性。例如，外事工作的一些具体事项，负责办理各类出国人员的派出工作，国家留学生基金会资助出国留学人员选拔工作，外教人员资格审查、聘请、报批等手续，外教人员的管理等工作，学院与国外院校交流与合作事宜，学院同涉外组织和机构的联络、交往及项目合作事宜，外国官员、专家学者及其他来访外宾的邀请、接待、聘用、管理及对外联络工作。

4. 诚实守信原则

诚实守信原则简称“诚信原则”。其在司法领域尤其是在民法债权理论中常被视为“帝王条款”“最高行为准则”，基本语意是要求人们在民事活动中行使民事权利和履行民事义务时应当讲究信用，严守诺言，诚实不欺，在不损害他人利益的前提下追求自己的利益，否则将获得不利的法律评价。这也就要求外事工作者必须认真贯彻、执行党和国家的各项对外方针、政策和外事法规，根据院校发展需要，在学校所制订的外事计划和各种外事规章、制度的职责规范要求下，真诚地向国内外需求者充分而准确地告知有关出国或来华留学的所有重要事实，不允许存在任何虚伪、欺瞒、隐瞒行为。只有遵循诚实守信原则，才能更好地开展对外交流与服务工作，也才能促进学校的对外开放。

（二）地方本科院校外事工作的职能

地方本科院校外事工作的职能包括枢纽职能、培训职能、参谋职能、信息职能、联络职能、研究职能。多项职能之间是密切相关、相互促进的，一切都服务于地方本科院校教学科研改革与发展这个中心。

1. 枢纽职能

作为连接地方本科院校与国外高校与组织的枢纽，地方本科院校外事管理部门需要采用适当方式向学校师生员工宣传国家外事方面的方针政策及与外籍人员交往的日常礼仪，同时负责向在我方学校工作或学习的外籍人员宣传我国的外事政策及学校外事工作规章制度，确保学校对外事务的规范和有序运行。例如，负责学校对外国际交流与合作工作的开展；负责接待和安排国外大学代表团的来访；负责对外联系及组织国外专家来校进行讲学活动；协助各院（系）及相关部门开展各项国际学术交流活动；承担学校出国（境）人员的申报及管理工作；负责学校因公出国（境）人员护照和签证的办理工作及回国后护照的保管工作；协助学校符合条件的人员申报国家公派出国留学基金；做好学校因私出国（境）人员的登记备案服务工作。

2. 培训职能

随着教育产品的不断创新、新业务的不断拓展，地方本科院校外事工作者必须协助上级有关部门规划、组织、协调全校外事教育、教师的继续教育和培训工作，拟订各类培训计划和方案，撰写培训总结。他们既要负责全校出国教师、学生的培训与考核工作，协助开展培训招生宣传，设置培训课程，聘请培训教师，征订培训教材，严格管理与考核，办理和颁发结业证书及继续教育学分证书，还要负责专项培训工作的设计、组织、管理、经费预算与核算等工作，整理和管理培训档案，不断改进出国培训的内容与形式，加强管理和考核，开拓培训市场，开发培训项目。

3. 参谋职能

地方本科院校外事工作者直接国内外公众交往，在掌握大量国内外的第一手信息后，必须将各种信息及时、认真地分类整理，负责做好学校各类外事工作相关资料的收集、整理、统计及归档工作；并根据要求向学校或上级主管部门进行汇报，为有意愿的公众、学校领导和各职能部门提供决策咨询；配合有关部门做好相关留学项目的宣传、招生、手续办理、学生学习与生活管理及纠纷处理等工作；根据条件为师生员工提供出国留学相关服务。

4. 信息职能

外事工作的目的决定了外事工作中要收集的信息并非包罗万象，而是主要包括以下方面。

（1）学校的信息。

根据学校有关规划，拟定相关外事工作计划（含中、长期及年度计划）；制定学校外事管理规章制度及外籍专家聘用合同与相关附件等，并负责监督计划的实施与制度的执行；配合学校财务部门做好学校外事专项经费的年度预算和决算工作；负责学校外事工作的总结；配合学校或上级主管部门对学校外事工作的评估；接受对外事工作的相关监督。

（2）国外需求的信息。

如外国教育专家的聘请及服务工作，外事管理部门必须负责学校聘请的外籍教师资格证的年审工作，为聘请的外籍教师办理各项审批及入境手续，以及做好对外籍教师的政策宣传及日常服务工作。

5. 联络职能

地方本科院校外事管理部门要负责来访的国（境）外团组、专家学者及其他相关人员的联络、接待和翻译工作；负责学校有关国际信函、交流与合作协议等文件的翻译工作以及办理学校各类因公出国出境考察或参加学术会议人员的报批等相关手续。

6. 研究职能

研究职能主要包括中外合作和国外引智项目。

（1）负责中外合作办学项目的运行工作。

地方本科院校外事部门主要负责与国外大学合作项目的联系与协调，并协助校领导做好决策工作，负责中外合作办学协议书的策划和起草工作，做好学生出国留学等相关出国手续的办理。

（2）负责国外引智项目的组织和申报工作。

地方本科院校外事部门主要负责搜集、整理国外专家的相关信息，逐步建立国外专家数据库；协助各院（系）结合专业特色，引进国外专家来校开展项目合作；积极向上级主管部门申报引智项目，督促、检查学校的引智项目的具体执行情况。

三、国际化趋势下地方本科院校外事工作的作用和定位

（一）地方本科院校外事工作在提升高校实力方面的作用

在当前对外开放进一步发展，高等教育日益国际化的重要节点，地方本科院校外事工作成了提升学校办学水平，提高教学质量，服务高等教育教学改革，服务科教兴国战略的重要部分。当前国际化趋势下的地方本科院校外事工作既有开放性，也有服务性，其在提升地方本科院校实力方面主要有以下几个作用。

1. 地方本科院校外事工作有助于促进高校参与国际化的积极性

一些地方本科院校的管理者缺乏海外求学经验，参与国际化办学的视野狭窄，无法长远认识到积极参与教育全球化的重要意义。而地方本科院校外事工作能使越来越多的地方本科院校的管理者走出国门，理解教育外事工作的重要意义，主动迎接已经到来的高等教育国际化浪潮，带领地方本科院校积极参与国际化进程，为培养服务地方经济文化建设的应用人才作出前瞻性的指示。

2. 地方本科院校外事工作有助于改善高校的国际化基础建设

一些地方本科院校受 20 世纪 90 年代高等教育大众化的影响才开始与海外开展学术文化交流，且规模小，基础相当薄弱。不少院校还停留在仅仅聘请外教的层次上，既没有“请进来”，也谈不上很好地“走出去”。而地方本科院校外事工作中的外事联络、接待工作，以及引进国外的智力资源，积极参与国际科研与教育交流合作，均有助于增强学校的教学实力，将优秀的教师选派出国进修再回学校执教也有利于提升学校的师资水平。因此，地方本科院校外事工作对学科建设、师资队伍建设和教学科研改革也将起到很大的推动作用。

3. 地方本科院校外事工作有助于创新人才培养

一些地方本科院校的人才培养定位在培养服务地方经济文化建设的应用人才，地方本科院校外事工作能使派出工作、留学生工作积极有效地开展，能使越来越多的教师、管理者、学生走出国门接受联合培养。

（二）地方本科院校外事工作在国际化趋势下的定位

外事是相对于内事而言的，其本意指的是外交，现在泛指一切涉外事务。外事工作在高校办学理念中的地位是由其定位决定的。古话说“人要立长志，而非常立志”，这个道理对于地方本科院校外事工作也是一样，外事工作定位必须为实现学校中长期发展规划而服务。尤其是在国际化背景下，地方本科院

校的外事工作出现了新发展、新要求、新方向，如国际人员来访数量的迅速上升、留学生规模的扩大、出国留学的需求增大等。

地方本科院校确定了国际化办学战略目标，外事工作的定位就应当调整。配合地方本科院校整体发展建设思路，利用国际学术、科技、人才的交流和资源共享，促进地方本科院校自身发展难题的解决，最终使学校在国际上的声誉、办学效益和综合实力得到全面提升。具体体现在外事职能部门，就是要跳出简单的“迎来送往，礼仪接待”，围绕保障一个“核心”，即以地方本科院校产学研对外合作交流工作为核心；扮好三种“角色”，一是扮好行政职能部门的监管角色，二是扮好指导基层的服务角色，三是扮好拓展交流平台的先锋角色。

四、国际化趋势下地方本科院校外事管理的工作理念

在高等教育国际化趋势下，地方本科院校外事管理工作要秉承以下工作理念，更好地为地方本科院校国际化服务。

（一）人本管理理念

人本管理，顾名思义，即以人为本的管理思想，“本”是本位、根本、目的的意思。人本管理区别于“见物不见人”或把人作为工具、手段的管理，人本管理深刻地认识到人在社会经济活动中的作用，突出人在管理中的地位，是以人为中心的管理。学校外事管理必须遵循人本管理理念，以人为本体和根本，尊重人的价值，开发人的资源，谋求人的全面自由发展。一方面要求地方本科院校外事工作者要积极发挥其在外事管理中的主导地位，充分调动人的主动性、积极性和创造性，使资源中的个人回归到自然人；另一方面要求在外事管理过程中，通过追求组织的高效运转来实现组织目标，以此来锻炼组织成员的意志、品质、智力和体力，达到完善组织成员的意志和品格的目的，更好地为外部公众服务。

在外事管理工作中，组织成员要想实现人本管理，必须充分认识学校和国外教师的角色与工作特点，了解教师和学生的需求，创设有序且自由、紧张且宽松的工作氛围，构建使每个组织成员都能伴随对外部公众的服务得到主动发展的人文环境。

（二）全面质量管理理念

全面质量管理自美国的阿曼德·V. 费根堡姆（Armand V. Feigenbaum）和约

瑟夫·莫西·朱兰（Joseph Moses Juran）在20世纪60年代初提出来后，各国学者对其的研究和实践便层出不穷。W.爱德华兹·戴明（W. Edwards Deming）被认为是全面质量管理的创始人和最典型的代表，其于1989年总结的"质量管理14要点"（①创设坚定恒久的目标；②采纳新的哲学；③停止对检验的依赖；④结束以价格为基础而行事的做法；⑤持续而永久的提高；⑥建立在职培训；⑦采纳和建立领导体系；⑧消除恐惧；⑨打破部门间障碍；⑩取消口号标语；⑪取消定量和数字目标；⑫消除阻碍工人以工作为荣、以技术为荣的障碍；⑬建立富有生气的教育和自我提高计划；⑭使每个人都为质量而转变）在学校管理中运用得最为广泛。具体到学校外事管理工作可采用戴明的PDCA质量管理模式，把组织的质量管理和质量改进看成按照计划（plan）、执行（do）、检查（check）、处理（action）顺序的循环往复运用到组织的各个部门，直至落实到每一个成员，形成大环套小环、环环相扣的工作体系。因此，地方本科院校外事管理工作运用全面质量管理能有效地促进组织成员的共同努力，达到学校和服务公众的满意度。

（三）学习型组织理念

20世纪90年代发展起来的学习型组织理论是一种全新的管理理念。学术界对学习型组织尚无统一的定义，但通过美国麻省理工学院彼得·M.圣吉（Peter M. Senge）教授的《第五项修炼》、哈佛商学院教授戴维·A.加文（David A. Carvin）、美国人力资源管理著名专家加里·德斯勒（Gary Dessler）、美国人力资源战略顾问彼得·摩尔（Peter Moore ）和美国人力资源管理与培训研究专家雷蒙德·A.诺伊（Raymond A. Noe）对学习型组织的论述，我们可以发现学习型组织必须具备六个要素：①以终身学习理论为指导，拥有终身学习的理念和机制；②系统思考是学习型组织的灵魂；③学习不仅发生在个体身上，而且发生在团体和组织层面上；④建立多种学习途径，运用各种方法创造知识、获得知识和转化知识；⑤形成共享和互动的学习氛围，活化生命意义，激发人的潜能，提升人生价值；⑥组织必须不断地学习，不断地创新发展，提升应变能力。

学习型组织体现了知识经济时代学校外事管理变化的新走向。要想加快高校的国际化进程，提高地方本科院校的国际竞争力，地方本科院校的外事管理组织就必须加强学习型组织建设，推崇终身学习理念，这样才能在知识的浪潮中越走越稳，更好地为高校服务。地方本科院校外事管理工作作为地方本科院校参与国际化的必要条件之一，对推动地方本科院校和高等教育的国际化均具有重要意义。同时受国际化形势的驱使，地方本科院校外事管理工作也只有不断开拓进取，与时俱进，积极创新，才能在竞争中找到自己的国际定位，实现地方本科院校的可持续发展。

第二节　国际化趋势下地方本科院校外事工作管理的创新

一、地方本科院校外事管理部门的基本情况——以某地方本科师范学院为例

（一）某地方本科师范学院外事工作管理部门——国际交流合作处

某地方本科师范学院的外事工作管理部门——国际交流合作处成立于改革开放之初的 1981 年，当时名为某师范学院外事办，附属于学院办公室。1996 年从学院办公室独立出来成立某师范学院外事办，并增设某师范学院国际学术交流中心，实行“一套人马，两块牌子”，全面负责学校外事工作。2000 年 6 月，外事办分为两个部门，即外事处和国际学术交流中心。同月又增设港澳台事务办公室。2002 年外事处更名为国际交流合作处。某地方本科师范学院国际交流合作处主要为全校师生提供外事接待、通信联络、出国手续办理、留学咨询、资料翻译、外事活动策划等服务。国际交流合作处共有 11 个编制，基本情况为：男性 6 人，女性 5 人；博士 1 人，硕士 8 人（其中 2 人在读），本科学历 2 人；会英语的 8 人，会日、韩语的共 2 人。

（二）国际交流合作处与学校其他部门的关系

某地方本科师范学院的国际交流合作处在进行涉外工作的过程中处于中心地位，是负责外籍教师和留学生管理的职能部门，其他各院系、各部门积极配合协调，一般的涉外事务的参与部门还包括教务处、研究生处和国际汉语文化学院，如图 9–1 所示。

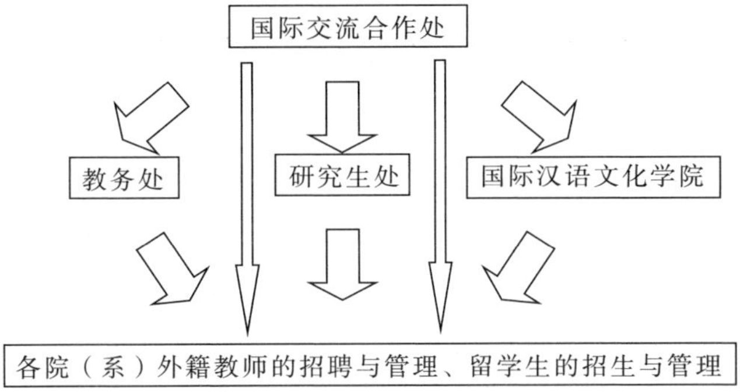

图 9-1 国际交流合作处与学校其他部门的关系

从图 9-1 可知，国际交流合作处在负责外籍教师的招聘与管理、留学生的招生与管理过程中，主要与教务处、研究生处和国际汉语文化学院进行分工合作。例如，该校孔子学院奖学金生事务的管理、国际交流合作处与国家汉办 / 孔子学院总部的日常联系、年度总结与计划报送、奖学金生申请材料审核、学生签证和学籍管理、奖学金的资金管理与审核发放等等。

（三）提供国际教育服务的基本内容与原则

某地方本科师范学院的国际交流合作处主要负责起草全校国际合作工作的发展规划，为学校领导提供咨询，协调全校外事活动，为院（系）的教学、科研和国际学术交流提供信息和联系服务；受上级部门委托，负责重大外事接待活动的策划、实施；校际交流计划的统筹管理，包括计划的制订、协议的拟订、交流项目的实施和运转情况的跟踪管理、服务；境外学生和研究学者的归口管理，包括发展规划的制定、参与招生、外事和教学管理、生活服务；境外专家的聘请、报批、外事和生活管理；国际会议的审核报批；境外办学的联络、审核和报批；教职工因公出国（境）和学生出国（境）护照、签证（通行证）的办理以及校领导交办的其他各项事务。

该部门主要采用了有所为、有所不为的原则，遵循了“文件处理认真及时高效，来宾接待主动热情周到，问题解答耐心细致准确”的办事承诺；采用了被动变主动的原则，将“热情、周到、细致、诚信、优质”作为服务公约；采用了服从国家与社会发展需要的原则，在学校的领导下，负责制订和规划本校外事交流的短期和长期方案。

二、地方本科院校外事工作的实践现状——以某地方本科师范学院为例

某地方本科师范学院自1978年便开始聘请外国文教专家，在引智理论的指引下，立足学校实际需求情况，与时俱进，按照国家有关聘请外教工作的政策、规定，全方位、宽领域、多渠道、不拘一格地聘请外教，现已形成独具特色的发展格局，即通过多种渠道引智，规模不断扩大。

某地方本科师范学院在上级主管部门的领导与大力支持下，与欧盟等国际组织，友好学校，美国ELIC（英语协会）、日本JICA（国际协力机构）等民间团体，海外校友会，甚至个人建立了广泛的联系，引智渠道大大拓宽，聘请的各类外教也由最初的每年1～2人次发展到现在每年160多人次。外事管理部门也继续扩大对外交流，在对外交流中实现“质”“量”并重，积极为开拓留学生招生渠道服务；依托国家平台，赴俄巡演，不断扩大孔子学院在当地的影响，推动汉语传播，树立学校海外品牌；继续提高外籍专家聘请水平、管理水平，使学校外籍教师队伍以及引智工作稳定保持全省前列；广开渠道，做好校领导及师生的公派出访及留学工作。

（一）利用教师教育优势，做大教育人力资源培训项目

公派出访及留学是外事工作中的一个重要部分，也是做大教育人力资源的培训项目，其对于推进学校的对外交往、提升师生的国际化视野、学术水平都有着积极的作用。某地方本科师范学院外事管理部门对学校公派出访、留学工作的顺利开展作出了突出贡献，促进了该校国际化进程。不论是校领导带队出访，还是师生赴国外进修、求学，其本身就是一个对学校最好的推广——直接与国外高校、机构面对面交流，无疑能达到极佳的宣传效果。这些出访可以把学校推广至世界各国的高校、机构，大大提升了学校的国际化形象。

（二）利用学校传统学科优势，创新汉语国际推广工作

大力开展汉语国际推广，支持我国高水平教育机构境外办学，加强校长和骨干教师海外培训，全面参与国际组织，是提升我国教育国际影响力和竞争力的重要方式，是增强国家软实力的战略举措。某地方本科师范学院充分利用学校传统的学科优势，根据国家鼓励世界各国学生和汉语教师来华学习和研究汉语言文化的政策设立了孔子学院，创新汉语国际推广工作。并根据国家汉办/孔子学院总部《孔子学院奖学金管理办法（试行）》和该校外国留学生管理的

相关规定，制定了某师范学院孔子学院奖学金生管理办法。在国外，从建立孔子学院至今，学校共派出 3 任中方院长、10 名汉语教师；先后有千余名师生进入孔子学院学习。孔子学院的开办，不但完成了发展当地的汉语教学及普及工作，更为学校结交更多的国外高校、开展交流合作起到了良好的推动作用。

（三）关注终身教育需求，拓展在职教育新途径

根据学习型组织理论和终身学习理念，某地方本科师范学院继续贯彻落实“支持留学，鼓励回国，来去自由”的工作方针，统筹公派和自费两个渠道，扩大公派留学规模，加强对自费留学人员的政策引导，培养和吸引大批优秀留学人才回国工作或以多种形式为国服务，鼓励教职工去国外知名大学进行考察，拓展了在职教育的新途径。

（四）深化留学生招生与管理改革，做强留学生教育工作

为适应国际化趋势的需要，做强留学生教育工作，某地方本科师范学院根据《某师范学院学生学籍管理规定》《某师范学院研究生管理规定》和《某师范学院学分制实施办法》，参照国家有关规定，制定了《某师范学院外国留学生管理规定（试行）》，共六章，三十七条，分别涉及以下几个方面。

在管理体制方面，积极深化留学生教育管理改革，增强对留学生吸引力。除规定由国际交流合作处具体负责全校外国留学生的招生管理工作外，还要求各学院配备外国留学生专门管理人员，由教务处和研究生处负责学籍、培养方案、毕业证等相关事务，校团委和学生工作处负责外国留学生的社团活动，保卫处负责外国留学生的安全保卫工作，后勤管理处为外国留学生提供食宿等必要的生活服务设施等。

在教学管理方面，制订留学生发展规划，进一步扩大留学生规模。除明文规定的各学院应配合国际交流合作处的工作，结合外国留学生的心理和文化特点制订培养计划，开展教育教学活动外，还应对汉语水平达不到专业学习要求的外国留学生进行专门的汉语课教学，并使外国留学生的其他课程学习、毕业实习和社会实践均与中国学生一起进行。各学院还可以自行交换留学生，使留学生可以根据自己的兴趣爱好选择课程。

在生活管理方面，完善留学生生活基础设施，改善留学生生活学习条件。各学院鼓励外国留学生参加学校组织、举办的有益于身心健康的文体活动，尊重其民族习俗和宗教信仰。在法律、道德允许的范围内鼓励其自行组织社团或联谊团体。

三、国际化趋势下地方本科院校外事工作管理的经验

（一）充分认识地方本科院校参与国际教育交流合作所提供的优质的国际教育服务的价值

地方本科院校发展的关键因素是教学科研、师资队伍水平。因此，学校开展外事工作仍然必须明确服务这一原则，充分认识到地方本科院校参与国际交流与合作所提供的国际教育服务的价值，通过与国外著名高校优势学科的合作以及知名学者之间的交流，提高学校教学和科研水平，促进和带动科研工作的突破，服务学校的各项改革，使学校不断适应社会的发展。

（二）注重获取国际教育服务的综合效益，推动学校内部学科建设、人才培养工作的创新

地方本科院校在开展外事工作时必须实事求是，要根据学校的实际情况，发挥自身的优势，摸索适合自己的模式，走有自己特色的外事工作道路。做任何决定都要经过深思熟虑，具体实施时要一步一个脚印，脚踏实地地前进，绝不可好高骛远，以致偏离正确的发展方向。同时外事工作要与本校的优势相结合，发挥最大的效能，获取参与国际教育服务的综合效益。所以地方本科院校建立外事工作机制要紧密结合自身的办学特点、办学特色、办学思想和办学定位，所建立的外事工作机制要切实能为高校自身服务。地方本科院校为适应国际化浪潮所做的改革不可以完全照搬西方大学，而应注意保持特色。国际化不能变成“某国化”，否则，中国高等教育就可能丧失民族性，“化”成一种没有特色的他国教育的附庸。一方面，地方本科院校在与国际接轨的过程中，要注重推动学校内部的学科建设、人才培养工作的创新，充分利用传统资源来革除原有高等教育中的积弊。另一方面也要注意高等教育的本土化、民族化并不能代替国际化，不能成为拒绝先进文化的理由；国际化也不能取消民族特色，排除本土化，两者应该是相辅相成、对立统一的。地方本科院校的外事工作必须坚持走国际化与本土化相结合的道路，只有注重获取国际教育服务的综合效益，才能在世界高等教育系统中占有独特而重要的地位。

（三）加强地方本科院校内涵建设，着力凝练与打造国际教育服务特色与教育品牌高校的内涵

高等院校的内涵是中国文化传统的载体。一个注重本民族优秀文化传统教育的高等教育体系能保持民族优秀文化传统。文、史、哲等人文学科的教育内容，一般是不会轻易丧失自身的民族特性的。中国文化宝藏中有很多值得我们珍视甚至可以输出的精华，加拿大学者许美德教授在《中国大学（1895—1995）：一个文化冲突的世纪》一书末尾提出，希望中国的大学未来不仅仅是为国内经济、社会发展提供所需的新知识和新技术，而且要把中国文化中的精髓和由百年社会巨变得来的历史教训介绍给全世界。越是民族的，越是世界的。当中国高等教育不仅拿来了西方有用的东西，而且在本土化、民族化后，最终成为高等教育理念与方法的输出国，使文化交流真正变成双向时，才算真正达到高等教育的国际化。

第三节 优化和完善地方本科院校外事管理工作的具体建议

一、建立合理的地方本科院校外事工作目标

随着全球化的到来，知识的经济化趋势不断增强，迫使地方本科院校和各类教育机构不断地根据国家教育政策作出相应的调整。目前部分地方本科院校外事工作大局意识不够强烈，对外事工作的内涵理解狭隘，目标不明确，定位模糊。为了培养出一大批适应教育国际化的具有国际竞争力和知识创新能力的优质“人力资本”，作为人才输出的地方本科院校必然要顺应世界潮流，与时俱进，建立合理的外事工作目标。

（一）首要目标：重视对外交流，开阔师生国际化视野

我国高等院校外事工作的总体目标是更好地发展本国的教育事业，培养具有综合素质的国际人才。那么具体到地方本科院校，要想将高等教育国际化的总体目标和本校的可持续发展战略的长远规划目标统一起来，首要目标就是要重视对外交流，开阔全校师生的国际化视野，培养师生的国际意识、国际视野、国际交往能力和国际竞争力。地方本科院校的涉外工作并不是靠一己之力或一个外事部门就可以完全做好的，而是要在外事管理部门的统筹安排下，举

全校之力协作配合才能做好。因此，开阔全校师生的国际化视野，便成为地方本科院校与国际接轨的首要目标。

（二）基本目标：提升学校的国际影响力和国际竞争力

提升学校的国际影响力和国际竞争力是地方本科院校外事工作的基本目标。地方本科院校应密切关注国家的教育政策动态和国际的流行趋势，加大办学力度，提高能够聚集国际精英人才和科学技术资源的世界大学的基础能力，依靠与国外知名大学合作的技术优势项目，加大地方本科院校参与国际交往的力度，积极探索，建立与国外重点大学的长期合作机制，多方面地提升学校的整体实力。

（三）最终目标：培养具有国际视野和国际化能力的创新型人才

地方本科院校的外事交流与合作首先有赖于聘请国际上知名的教授、学者与专家来本校教学和进行学术交流，其次是将本校的优秀教师、学生选派出国，对教师进行在职培训，对学生进行联合培养。无论是采取哪种措施，从最终目的来讲，都是为了培养本校具有国际视野和国际化能力的创新型人才。只有人本身才是社会发展与进步的根本，所以，地方本科院校作为培养高质量创新型人才的基地，必须为这个最终目标的实现而不懈努力和探索，也只有如此，地方本科院校才能依靠自己培养出来的具有国际视野和国际化能力的创新型人才来获得可持续发展，实现国家的教育总体目标，促进国家和社会的可持续发展。

二、加强地方本科院校外事工作的队伍建设

（一）完善地方本科院校外事管理工作制度

现今，地方本科院校外事管理部门较 20 世纪已经有了较为成熟的发展，但这一全局性的工作要想更好地为高校服务，必须不断完善外事管理工作制度。

1. 健全外事工作运行规范，协调各部门和谐发展

健全地方本科院校外事管理部门的运行规范。地方本科院校外事管理部门应与其他部门一样制定相应的规章制度来保证外事管理工作者开展各项工作的规范化与制度化。外事管理部门决策者要加强领导机制，以学校外事部门

为中心，以各院（系）成立的院（系）外事工作小组为辅，充分调动学校教务处、宣传处、人事处、后勤处等部门，最大限度地为学校涉外事务的开展提供便利。外事管理部门领导要根据学校的发展目标，定期在部门内部署和开展外事工作，与本部门成员以及各院（系）所成立的院（系）外事工作小组成员共同商讨，总结外事工作经验，分析各类外事工作情况，形成外事工作报告，并定期向学校决策者汇报。

对学校外事管理部门与各院（系）所成立的院（系）外事工作小组之间的协调工作方面，也应出台相应的工作协调制度，明确彼此的职责，使各项涉外事务都能服务于学校的发展目标，如定期工作会议。此外，代表国家和地方本科院校形象的地方本科院校外事管理工作者要严格遵守本部门的运行和协调规范，遵守保密原则，在与国外学校和组织的交流合作过程中严守纪律，切不可随意泄露国家和学校机密。

2. 健全外事工作运行和选拔制度

地方本科院校外事工作是一项针对性和规范性很强的工作，因此也需要制定相配套的条例以及确保这些条例能有效运行的职责规范，在外事管理工作者的选拔方面也要依据所规定的条例来进行。

（1）制定和完善聘任制度。

不管是对学校外事管理工作者的选拔，还是对外籍教师的聘任，都应根据制定的管理规范来进行。比如，修订和完善“教师招聘制度”“外籍教师管理制度”“外籍教师教学管理方法”“外籍教师评价考核办法”等，通过聘任制来明确外籍教师、外事管理工作者和高校的职责，保证其工作的开展有章可循，也在一定程度上尊重外籍教师、外事管理工作者的选择，在签订就业合同前了解其需求，在尽量满足其发展需求的前提下确保地方本科院校师资的稳定性。

（2）严格执行国家对来华留学生管理制度。

留学生管理作为地方本科院校外事工作的内容之一，也有其相应的管理规定，地方本科院校必须依据教育部、国家留学基金管理委员会、国务院学位委员会等部门制定的一系列规范，来制定符合自己学校实际和特色的留学生管理制度，将本科生、研究生管理办法及学位规定的相关制度和办法汇编成地方本科院校“留学生管理工作手册”并严格执行，使留学生的管理同其他事务管理一样有条不紊地进行，维护地方本科院校内部秩序的稳定。

（二）培养“米字多能型”的外事管理工作者

“教育的品质是教师品质的反映。”地方本科院校外事管理工作者队伍是高校开展外事交流与合作的基本条件，一所地方本科院校拥有的具备优秀品质的外事管理工作者基本决定了该校的外事能力。地方本科院校外事管理工作者的知识结构、专业适应能力和社会经济的接触程度等也会影响该校教育的国际化程度。因此，培养“米字多能型”的外事管理工作者也成了促进地方本科院校国际化的催化剂。

“米字多能型”是指“米”字型和多能型的有机结合。“米”字型的突出特点是网状、立体的知识构成，纵线是知识面，其他知识则依据纵线编织成网格。多能型则是指除具备一般能力以外，还具有某些特殊能力的立体能力结构。而“米字多能型”是指在“米”字型知识储备基础上兼具多重能力的知识结构体系，这种知识结构体系包含了一个人的知识体系的构成情况与组合方式，即知识在头脑中的内化状态，各种知识之间的比例、联系和相互作用等。地方本科院校外事管理工作的职责决定了外事管理工作者需通过以下方面知识的储备与能力培养，建立起“米字多能型”的知识结构体系，才能更好地服务高校的教学与科研。

1. 培育“米”字型基础功底

作为地方本科院校外事管理工作者，首先要培育“米”字形的基本功底，主要包括以下几类。

（1）具备过硬的思想政治素质。

外事工作是政治性和政策性很强的工作。地方本科院校外事管理工作者首先要具有坚定的政治立场和高度的政治觉悟，以马克思列宁主义、毛泽东思想、邓小平理论、“三个代表”重要思想、科学发展观、习近平新时代中国特色社会主义思想为指导，坚决贯彻党和国家的外事工作方针政策，始终保持政治上的正确性和坚定性。地方本科院校外事工作者要发扬爱国主义和国际主义精神；树立民族自尊心，提高民族自信心和自豪感。只有树立爱国主义思想，才能时时处处维护国家利益，维护民族尊严。现代科技的迅猛发展使世界高校间的交流由一般文化交流延展到教育、学术、人员和科技成果等众多领域，其活跃度之高、辐射面之广前所未有。高校专业涉及理、工、文、管、医等多方面，其中新兴学科、交叉学科和边缘学科也不断涌现，高校外事管理工作者虽不能对每一门学科都精准掌握，但仍需对各学科有一定了解。地方本科院校外事管理工作者还应具有较高的文化修养和多方面的兴趣爱好，对祖国历史、地理、艺术、民俗和社会发展状况等有所了解，这样才能在国际交流中应付自如。此外，掌握教育学、心理学、管理学等知识和跨文化交际方法在管理外专外教、留学生工作中亦能起到关键作用。

（2）具备扎实的语言功底。

语言作为外事管理工作者与外界交流的主要媒介，是决定地方本科院校外事工作成败的基础环节。外语的听、说、读、写、译的能力和对该外语使用群体文化的了解对做好国际合作与交流工作至关重要，外事管理工作者外语水平直接影响地方本科院校对外交流的质量。在对外联系、对外接待、对外洽谈、对外访问、对外合作和各种外事仪式等外事活动中，语言是传达信息、交流思想的主要工具。如果语言表达在任何一个环节出了问题，都会直接影响交流的效果，甚至造成误解或其他损失。因此地方本科院校外事管理工作者必须加强外语学习，提高语言表达水平。

（3）拥有国际交往的礼仪常识功底。

在外事管理工作者进行外事交流的过程中，一方面他们的礼仪素养体现个人的道德水平、文化修养和交际能力，另一方面他们的一言一行均代表了所在国家和地方本科院校的精神面貌与办学质量，所以外事管理工作者既要胸怀宽广，具有国际交往的礼仪常识，又要坚持互惠互利、双向沟通、全员公共关系与诚实守信的原则，自觉遵守外事纪律，具有大局意识和全局观念，配合国家总体外交战略，服从学校工作大局。在涉外活动中，地方本科院校外事管理工作者要有礼有节、不卑不亢，既要有谦虚谨慎的态度，不骄不躁，又要有锐意进取的精神，主动出击；既要有海纳百川的胸怀，又要有守土有责的高度责任感，在谈判中不失风度和包容；既要有宽广的眼界和脚踏实地的作为，能看到学校在教育国际化大背景下所面临的挑战，又能联系实际、兢兢业业、求真务实。

（4）拥有健康的身心素质。

涉外工作的时效性、周期性、琐碎性决定了高校外事管理工作者的工作时间具有不稳定性和紧迫性。首先，由于与外国存在时差，外事工作者在非工作时间甚至是节假日仍要对外联络。其次，在外事接待和出访活动中，日程安排较满，外事管理工作者要始终保持饱满的精神和敏捷的思维，才能保证接待或出访工作顺利圆满。此外，许多高校的外事管理工作者往往是一人充当多种角色，既当翻译，又负责接待安排、出访联络或项目商谈和跟进。因此，高校外事管理工作者要具备良好的身体素质和心理素质，才能适应紧张、快速、高强度的工作节奏；要能承受工作压力，平和面对失败和挫折；有坚定的信心和决心、处乱不惊的心态和随机应变的能力。

2. 培养多能型的发展能力

作为代表地方本科院校形象的外事管理工作者，除了具备“米”字形的基础功底外，还应培养个人的多能型发展能力。

（1）构建地方本科院校外事工作长效机制的能力。

地方本科院校外事工作的服务面不断扩大，对外事管理工作的连续性和全局性要求很高，因此高校外事管理工作者需要密切关注高校动态，结合教学、科研的发展需要，合理定位，及时拟出清晰、可行的工作思路，不能只顾眼前的优势和效益，而要从长远方向来考虑某些合作项目是否对高校的可持续发展有利。

（2）发掘本校外事工作特色的能力。

地方本科院校外事工作宗旨决定了外事管理要尽可能为学校办学目标的实现创造有利条件，引领学校走出符合本校办学特色的国际化道路。因此地方本科院校外事管理工作者要根据本校特点发掘工作特色，发挥外事管理的最大效能。特别是在对外宣传的过程中，外事管理工作者要深刻认识到对外宣传工作的重要性，并在涉外活动中，全面客观地向世界介绍中国，增进世界对中国的了解，有针对性、实事求是地树立和维护社会主义中国的形象，创造良好的国际舆论环境。

（3）培育人本管理为主的外事工作管理能力。

作为地方本科院校外事管理部门，除了对本部门的人员进行有效管理，还应该具备其他管理能力，如对国内外交流信息的管理，对外专外教及留学生的管理，对外事工作档案的管理等，这些工作要从总体上遵循现代管理理念中的“人本管理”。外事管理工作者要立足国情，借鉴外国文化，实现特色的人本管理，因此必须在外事管理部门营造一种积极向上、民主、开放、透明、平等的文化氛围，特别是在进行外专外教的管理工作时，要采用“大稳定、小流动”的聘用制度，既要确保地方本科院校外专外教的稳定性，又要适时引进其他人才促进地方本科院校的发展；既要善于培育外专外教的“主人”意识，让外专外教把校园当成家，把自己当成学校的一员，又要在外专外教中建立激励机制，在公平、公正的基础上实行“论工定酬”。在外事工作档案的管理方面，外事管理工作者则要明确其工作性质是一项政策性强、程序规范要求较高的工作，因此地方本科院校外事管理工作者要在法律法规和学校相关规定的范围内，执行外事管理、外事汇报、外事人员保密与自律等制度，健全本校的外事工作档案并实现外事档案信息化管理。对一些计划安排、外事文件、会议纪要、总结汇报、合作协议、来往信函等文件档案，外事管理工作者要定期整理，分类归册和妥善保管。

（4）熟练运用现代化信息平台处理国际事务的能力。

地方本科院校的外事联络和交流很大程度上依靠先进的通信设备和互动平台，因此也要求外事管理工作者学会利用网络搭建信息交流平台，对外传递学校相关信息，汇聚优势学科专业信息。在外事档案的管理过程中，也可以尽量利用数字化网络平台来管理地方本科院校的外事档案，以实现快捷、高效、准确、可靠、便利及多方位的信息管理，实现资源共享，进一步满足国内外高校交流的需要。

（5）灵活应变的能力。

地方本科院校外事活动不是一成不变的，而是灵活多变的，这也让外事管理工作者在接见外宾、教育合作计划的洽谈、涉外事务的处理等方面要具备灵活应变的能力，能够善于协调各种关系，进行跨文化沟通，理解和尊重别国的文化、宗教和风俗，掌握不同文化之间的共性和差异，认真对待并尊重不同国家、不同民族的文化特征，妥善处理文化冲突带来的各种问题，减少交流障碍。

综上，代表国家和地方本科院校形象的外事管理工作者因其特定的职责，必须具备“米”字形的基础功底和多能型的发展能力，跳出传统文化的思维局限，汲取现代教育国际化理念，拥有全球合作意识，在不断进行跨国交流沟通的过程中建立“米字多能型”知识结构体系，从而为本校与国际化接轨做好必要的辅佐工作。这也使得地方本科院校在选拔外事管理工作者的时候要注重人员是否具备“米”字型和多能型的知识能力，已聘任的高校外事管理工作者也要不断地提升自我，朝“米字多能型”结构转化。

三、优化地方本科院校外事工作的运行机制

（一）充分引进国外智力资源，打造地方本科院校引智品牌

地方本科院校必须通过各种途径引进适合国内地方本科院校发展的外籍专家，如一些国际知名的优秀人才、专家学者的引进，必须加快引进速度、扩大引进规模和提高引进质量。以外事部门为桥梁引进国外的教育教学人才、理念和方法等，特别是将一些优秀的外国教育管理和行政骨干聘请到国内担任实质性的工作，给他们一些实际性的操作平台，这样可以更加直观地将国外的优秀理念和成果运用到地方本科院校的改革中来。例如，曾任复旦大学校长的杨福家于 2001 年出任英国著名大学诺丁汉大学校长，该校常务副校长考林·坎

贝尔（Colin Campbell）说，诺丁汉大学正日益走向国际化，因此聘任一位能强化国际特征的校长是十分适宜。中国的高等院校也应该考虑像引进足球教练那样，引进几位在国际上有一定影响、管理上很有经验的教育专家来充实我们的教育管理队伍。如果考虑这种聘任方式的费用太高，那么也可以从教务工作领域引进或以客座方式聘请个别有长期教学管理经验的专家直接参与教学管理，将确实可行的办学思想、管理模式结合起来以促进我国地方本科院校的教育改革。这也是地方本科院校打造引智品牌，提高国际竞争力的有效方式。

此外还可以加快引进国外的一些先进教育理念、教育成果和社会思想，一方面是引进国外专家学者带来的理念和成果，另一方面则是走出国门的教师和学生对他国知识的学习、消化、吸收后将优秀的理念和成果介绍到国内来，同时鼓励在华留学生介绍一些该国的优秀教育成果。通过“引进来”和“走出去”的有效结合，将高校的引智品牌做强做大。

（二）建立中外合作项目，以规范管理促科学发展

随着西方国家高等教育的产业化，高等教育发展呈现新的格局，多种形式的合作办学已成为国际知名大学开放式办学的标志之一。地方本科院校应该制订国际交流与合作计划，与国际组织、机构及国外大学开展稳定的国际交流与合作，建立中外合作项目，把学生的国际合作培养作为重中之重。如果遇到一些资金短缺或找不到国际一流教育合作对象等困难，可以在地方政府和教育主管部门的帮助下协商解决。只有加强策划、拓宽渠道、扩大规模、提高层次、规划管理、突出重点、增加效益，才能使中外合作项目管理更加规范化；通过不断完善的“高校外事管理规范”“高校外事执法责任规范”“高校外事监督办法”等来落实地方本科院校外事常规管理、安全管理、后勤管理、财务管理。

（三）鼓励互派师生留学，加速同外国的学历互认

根据《国家中长期科学和技术发展规划纲要（2006—2020年）》，为加速高水平大学和重点学科的建设，地方本科院校应当鼓励互派师生留学。一方面注重留学生的招生与录取、留学生教育结构与培养目标、留学生管理体制与管理模式、留学生的学籍档案管理、留学生心理教育、留学生教育的激励机制、留学生生活管理、留学生公寓管理、留学生突发事件及其预警等方面的研究，使留学生的制度管理更加规范，吸引留学生来华。另一方面，也要鼓励国内的师生走出国门，去学习世界文化，增强国际意识。地方本科院校应遵循“公

正、公平、公开”的原则，采取个人申请、提前预选、单位推荐、专家评审、择优录取的方式选拔优秀师生，到国外一流的院校、专业，师从一流的导师，培养国家建设所需的拔尖创新人才。同时，通过师生交流带动科研合作，建立国内外稳定持久的学术交流渠道。这也是以国家发展战略、国家重大工程、重大项目对人才的需求为导向，以培养一批能够提升自主创新能力、具有国际视野的拔尖创新人才为目标，为实施科教兴国战略、人才强国战略，提供强有力的人才支撑和智力保证。

加速同外国的学历互认工作。我国是讲究学历的国家，也是对高层次学历文凭控制较严的国家，学校只有在国家招生计划内发放的文凭才为国家所认可。然而，国家认可的文凭在国际上又有一个认可问题，学生在国外取得的文凭也有一个国内认可的问题。目前我国只有少数几所大学加入“环太平洋大学协会”“21 世纪大学协会”等国际性组织，取得了学位互认的资格。很多院校的文凭处于模糊边缘，得不到应有的对待。高等教育国际化将大幅度加强国际人才培养的连带关系，学生的学习不再局限于一个国家和一所学校，可以在这里获得一张证书，那里获得一张文凭，也可以在多所学校取得学分而获得其中某校的文凭。因此，如果我们在学位、学分、证书互相承认方面没有突破的话，那就很难融入国际，不仅我国学生出不去，外国学生也进不来。所以，国家主管部门可以主动出击，适当降低门槛，用层次对应的办法进行协商，扩大相互承认的范围。

（四）推行全英文教学体系，建设国际考试中心

在 21 世纪里，中文和英文都是全球很重要的语言。国际化的教学内容和课程的实施都需要以加强语言教学为基础。因此，必须在高等院校推行全英文教学，对本国学生加强英语的教学，并积极开展多语种的教学，满足不同学生的要求，同时对留学生加强汉语言教学。除语言教学外，为国内外学生提供国际专业领域方面的课程，开阔学生的视野，提升学生综合素质，培养学生能在国际化和多元化的社会环境下工作的能力。

随着终身教育体系的逐步确立，国际上各种类型的能力测试应运而生，如外语水平测试、计算机等级考试、专业人才资格认定考试等。所以国内外考试产业市场前景十分广阔，外国各种考试机构纷纷抢滩中国就是明证。我们要逐步开拓其他考试项目，大幅度增加在海外的汉语考试中心数量，建立类似托福和雅思的国际汉语考试体系，为外国人士提供从事汉语教学、来华留学或以汉语为工作语言的资格证书，作为学习或聘用机构录用人员的依据。国际考试

中心和考官可以采取国际通行的编号制度，经定期评估审核以决定编号的有效性。建立考官培训制度，考试采取定期和不定期两种形式，允许考生在一定阶段后重考。这种考试具有社会涉及面大、考试人次数多的特点。同时，社会化考试必然会带动助学辅导、教材编印出版、考务管理等系列服务，其经济效益相当可观。

（五）全面参与国家汉语国际推广工作，增强地方本科院校国际影响力

学习中文将是全球化的重要内容。汉语作为世界各国了解中国的重要工具和文化载体，受到了越来越多的国家、教育机构、传媒等的重视。因此为更好地推动汉语走向世界，首先，地方本科院校要积极配合国家的汉语国际推广工作，积极参与汉语教材的编写与网络汉语教材的研发，改变教材编写“本体系统性”的传统模式与思路。根据对外国汉语学习者的长期实践调查来对不同的外国学习者编纂不同的研读教材，并通过市场运作机制加快汉语教材的建设与出版、媒体及网络汉语教材的建设与出版。其次，一些地方本科院校在与国外大学进行中外合作项目时，可以参与投入国外孔子学院的建设，充分利用国内传统教学资源，使我方管理人员和教师能够加入孔子学院当中。最后，部分地方本科院校中的一些涉外专业，如语言学专业、应用语言学专业、国际汉语教育专业等，应注重培养学生的实践能力，使这些涉外专业的学生的就业方向更为明朗，并鼓励更多的汉语教师加入推广汉语的工作中。

随着我国汉语国际推广工作的顺利开展，中国传统理念对世界文化的影响力正在增强，这也在一定程度上有助于增强我国地方本科院校的国际影响力。我国高等院校的国际号召力和国际立场也就是所谓的软实力正在影响世界。一些地方本科院校通过增加国外留学生的数量，借助地缘优势及雄厚的师资力量扩大本校在该地区的影响力，这样既能吸引国际媒体的关注，也能促进地方本科院校与世界各国的人才交流与合作，提高地方本科院校教育国际化水平。

参考文献

[1] 刘晓亮 . 地方高等教育国际化 [M]. 北京：中国石化出版社，2016.

[2] 刘红，张跃进，佟晓丽 . 高等教育国际化 [M]. 北京：兵器工业出版社，2005.

[3] 任君庆 . 宁波高等职业教育国际化研究 [M]. 杭州：浙江大学出版社，2018.

[4] 张伟 . 新时代地方高校教育国际化论纲 [M]. 长春：长春出版社，2021.

[5] 李阳，于晓红，井丽巍 . 吉林省高校创新型国际化人才培养本土化模式研究 [M]. 北京：社会科学文献出版社，2019.

[6] 鞠鹏杰 . 我国高等职业教育国际化发展现状及策略初探 [J]. 才智，2022（7）：149-151.

[7] 朱雪波，蒋羽西 . 我国高等教育国际化战略研究：历程、热点和未来趋势 [J]. 温州医科大学学报，2022，52（1）：77-82.

[8] 陈斌 . 高等教育高质量发展：价值意蕴、现实境遇与推进策略 [J]. 重庆高教研究，2022，10（1）：34-45.

[9] 叶欣，季卓豪，陈绍军 . 发达国家高等教育国际化新发展的经验与启示 [J]. 江苏高教，2021（12）：138-142.

[10] 王旸 . 双一流建设背景下我国高等教育国际化的逻辑建构与战略选择 [J]. 北京城市学院学报，2020（4）：37-44.

[11] 徐晓锐，徐少冈，李佳 . 新时代背景下的中国高等教育国际化路径探究 [J]. 产业与科技论坛，2020，19（11）：131-132.

[12] 李增森，赵淑惠 ."双一流"背景下的高等教育国际化探析 [J]. 教学研究，2019，42（6）：22-26.

[13] 周春涛 . 教育国际化背景下地方高校核心竞争力的研究与实践 [J]. 决策探索（下），2019（5）：52-53.

[14] 薛长凤，孟倩 . 国际化背景下高等教育理念的革新与发展 [J]. 科教导刊（上旬刊），2018（22）：1-2，37.

[15] 封玉 . 高等教育国际化背景下的高校教师跨文化素养研究 [J]. 科技资讯，2021，19（34）：139-142.

[16] 胡秋兰，赵三银，钟良珍，等 . 地方本科院校国际协同育人的现状、困境及对策：以韶关学院为例 [J]. 韶关学院学报，2017，38（8）：7-9.

[17] 蒋韬成，王峰，刘红，等 . 地方本科院校高等教育国际化教学现状及思考：以湘南学院为例 [J]. 湘南学院学报，2016，37（3）：104-107.

[18] 陈远明 . 论教育国际化竞争中新建地方本科院校的出路 [J]. 重庆文理学院学报(社会科学版），2009，28（6）：192-194.

[19] 潇潇 . 国际化视野与地方化行动：地方本科院校的办学思想与定位 [J]. 安徽职业技术学院学报，2009，8（3）：62-64，68.

[20] 马应心 . 地方新建本科院校高等教育国际化的发展与对策 [J]. 枣庄学院学报，2008（4）：108-110.

[21] 原一川 . 论新建地方本科院校的国际化 [J]. 曲靖师范学院学报，2008（2）：24-30.

[22] 王艳，申雅琛，曹振宇，等 . 高等教育国际化背景下应用型人才培养思考 [J]. 科教导刊，2021（7）：1-2，5.

[23] 谷桂恕，王珊珊，孙志颖 . 关于教育国际化背景下高校人才培养策略的研究 [J]. 作家天地，2020（17）：111，113.

[24] 傅异非 . 高等教育国际化视角下的高校人才培养策略探析 [J]. 时代教育，2017（23）：30-31.

[25] 成丽 . 教育国际化背景下我国国际化人才培养路径探析 [J]. 对外经贸，2016(7)：151-152.

[26] 韩英军，王晓阳，连红军 . 教育国际化视角下高校教师人才培养模式的改革创新发展研究 [J]. 理论观察，2015（4）：159-160.

[27] 杨琳 . 高等教育国际化视阈下的高校人才培养路径探析 [J]. 江苏高教，2014(4)：112-113.

[28] 谭韩英，杨金凤，高丹，等 . 新建地方本科院校食品类专业国际化人才培养路径探索 [J]. 轻工科技，2020，36（5）：188-189.

[29] 王家庆，李松，邵玉 . 地方新建本科院校人才培养模式紧跟国际化步伐的必要性探究 [J]. 吉林省教育学院学报（中旬），2014，30（8）：33-34.

[30] 叶映芳，郑斯媛 . 高等教育国际化背景下新建本科院校人才培养模式的研究 [J].

北京城市学院学报，2013（6）：1-5.
[31] 马应心 . 地方新建本科院校国际化人才培养探索 [J]. 临沂师范学院学报，2008（5）：58-60.
[32] 王周火 . 基于职业能力培养的地方本科院校人力资源管理课程教学改革研究 [J]. 科技风，2020（20）：31-32.
[33] 李春艳，刘振迪，夏可灿，等 . 新时期新建地方本科院校大学生实习存在的不足及对策 [J]. 西部素质教育，2020，6（7）：12-14.
[34] 彭莉萍 . 地方本科院校人力资源管理中存在的问题及解决对策 [J]. 人才资源开发，2019（10）：23-24.
[35] 杨菊仙 . 地方院校专任教师规模快速扩张效应及其化解 [J]. 湘潭大学学报（哲学社会科学版），2016，40（6）：134-138.
[36] 万光彩，张霆 . 地方本科院校人才培养目标定位分析 [J]. 大学（研究版），2016（Z1）：46-53.
[37] 刘国远 . 地方本科院校高层次人才引进存在的问题及对策研究 [J]. 吉林省教育学院学报（下旬），2014，30（5）：17-19.
[38] 姚晓琴 . 地方本科院校师资人力资源开发与管理研究 [J]. 山西师大学报（社会科学版），2011，38（S3）：156-157.
[39] 李晓慧 . 江苏省地方本科院校师资队伍国际化建设研究 [J]. 中国成人教育，2016（13）：122-125.
[40] 刘洋 . 地方本科院校师资队伍国际化的理性审思 [J]. 中国成人教育，2012（22）：38-40.
[41] 顾华锋 . 地方本科院校师资队伍建设的创新研究 [J]. 南京审计学院学报，2007（4）：103-106.
[42] 杨阳 . 高等教育国际化背景下对中外合作办学的探索 [J]. 当代教育实践与教学研究，2019（15）：123-124.
[43] 赵民 . 高等教育国际化背景下的中外合作办学研究 [J]. 亚太教育，2015（7）：117.
[44] 朱之红，常学洲 . 论高等教育国际化背景下的中外合作办学 [J]. 中国成人教育，2014（2）：23-25.
[45] 李徽昭，刘栋，周睿 . 跨国背景下高校中外合作办学的问题及对策 [J]. 淮北职业技术学院学报，2013，12（5）：13-15.

[46] 祁小峰，明晓峰．高等教育国际化背景下的中外合作办学实践研究 [J]. 漯河职业技术学院学报，2013，12（2）：143-145.

[47] 白莉，张纯明．论高等教育国际化背景下的中外合作办学 [J]. 辽宁教育研究，2005（11）：50-51.

[48] 杜鹏举．中外合作办学模式下的双语教学现状探析：以榆林学院为例 [J]. 榆林学院学报，2019，29（4）：46-49.

[49] 杜鹏举．地方型本科院校中外合作办学项目人才培养研究：以榆林学院为例 [J]. 陕西教育（高教），2017（9）：43-44.

[50] 李丹．ESP 理论模式下的大学英语课程教学改革浅析：以榆林学院中外合作办学项目为例 [J]. 榆林学院学报，2020，30（6）：120-123.

[51] 唐晓华．国际化背景下的中外合作办学质量保障体系探讨 [J]. 科技风，2018（34）：266-267.

[52] 刘卫玲．国际化背景下的中外合作办学教育内涵提升刍议 [J]. 教育现代化，2018，5（47）：125-126.

[53] 娄玉英．浅论国际化背景下中外合作办学的品牌建设 [J]. 内蒙古教育（职教版），2016（10）：24-25.

[54] 陈志宇．高等教育国际化视野下的中外合作办学研究 [J]. 赤子（上中旬），2016（20）：146-147.

[55] 任峰．高等教育国际化背景下中外合作办学政策实施研究 [D]. 开封：河南大学，2016.

[56] 王素芳．国际化背景下的中外合作办学教育内涵提升探析 [J]. 中国成人教育，2016（10）：42-45.

[57] 苏勃．双语办公：搭建高等教育国际化发展背景下的高校服务平台 [J]. 现代营销（下旬刊），2014（6）：140-141.

[58] 侯宇霞．高等教育国际化背景下对独立学院外事工作的几点思考 [J]. 思想战线，2011，37（S2）：394-395.

[59] 李鑫．试论高等教育国际化发展视野下的中外合作办学 [J]. 企业导报，2011（2）：207-209.

[60] 刘思作．高等教育国际化背景下开创高校外事工作的新局面 [J]. 科技信息，2010（12）：442.

[61] 赵丽，张国军．高等教育国际化背景下中俄合作办学的探索与实践 [J]. 大庆师范

学院学报，2008（6）：132-134.
[62] 田一汐 . 高等教育国际化背景下的高校外事工作管理 [J]. 当代教育实践与教学研究，2016（10）：109，104.
[63] 张雅文 . 高等教育国际化背景下高校外事管理工作初探 [J]. 新校园（上旬），2018（6）：48.
[64] 吴非 . 浅谈高等教育国际化背景下的高校外事管理工作 [J]. 赤子（上中旬），2017（3）：85.
[65] 林颖引 . 教育国际化背景下高校外事管理工作应对策略 [J]. 吉林广播电视大学学报，2013（2）：14-16.
[66] 麻红 . 国际化背景下地方高校的外事工作 [J]. 宁波职业技术学院学报，2009，13（3）：86-89.
[67] 宋发富 . 地方新建本科师范院校国际化人才培养研究：以云南省为例 [D]. 上海：华东师范大学，2018.
[68] 王娇娇 . 中国铁路“走出去”背景下高校国际化人才培养模式研究 [D]. 成都：西南交通大学，2017.
[69] 周柯 . 国际化趋势下中国地方高校外事工作管理研究：以湖南师范大学为例 [D]. 长沙：湖南师范大学，2012.
[70] 闫振华 . 高校人力资源的开发和教师队伍的建设 [D]. 西安：西安电子科技大学，2011.
[71] 陈润奇 . 高等教育国际化背景下对中外合作办学的探索 [D]. 上海：上海师范大学，2007.